AF590633

LE MARCHAND *DE LONDRES* OU L'HISTOIRE DE GEORGE BARNWELL.

LE MARCHAND *DE LONDRES,* OU L'HISTOIRE DE GEORGE BARNWELL,

TRAGÉDIE BOURGEOISE,

Traduite de l'Anglois de M. Lillo,

NOUVELLE ÉDITION.

Augmentée de deux Scènes.

A LONDRES,

Chez JEAN NOURSE.

M. DCC. LXVII.

PRÉFACE.

J'Ai copié presque mot pour mot la Traduction de deux ou trois Scenes de cette Piece, insérées dans le *Pour & Contre*. L'Auteur de cet Ouvrage périodique va me fournir encore ma Préface. A quoi bon se donner la peine de redire en d'autres termes, & risquer de dire moins bien ce qui a déjà été bien dit.

» Une Tragédie qui a été représen-
» tée trente-huit fois consécutives sur le
» Théatre de Drury-Lane, avec des
» applaudissemens *soutenus*, & un nom-
» bre de Spectateurs presque toujours
» égal ; qui a eu le même succès sur tous
» les Théatres où elle a paru, dont il s'est
» débité plusieurs milliers d'exemplaires
» imprimés, & qu'on ne lit pas avec
» moins d'ardeur & de plaisir qu'on ne

» l'a vu repréſenter ; une Tragédie qui » s'eſt attiré tant de marques d'approba- » tion & d'eſtime, doit faire naître à » ceux qui en entendront parler l'une » ou l'autre de ces deux penſées ; ou » qu'elle eſt un de ces Chefs-d'œuvres » dont la parfaite beauté ſe fait ſentir à » tout le monde, ou qu'elle eſt ſi con- » forme au goût particulier de la Na- » tion dont elle fait ainſi les délices, » qu'elle peut ſervir de regle certaine » pour juger du goût préſent de cette » Nation pour les Spectacles. Je veux » laiſſer à mes Lecteurs le plaiſir de dé- » cider eux-mêmes ſous lequel de ces » deux titres *George Barnwell* a pu ra- » vir tous les ſuffrages de la Nation » Angloiſe. *Voyez* le *Pour* & *Contre*, » tom. 3, nom. 45.

Au reſte, quelqu'indécente que pa- roiſſe cette Piece en certains endroits, on peut remarquer qu'elle n'eſt en aucune façon dangereuſe pour les mœurs ; au contraire, le vice y eſt toujours odieux, & les principes de la vertu toujours aimables.

Loin d'ici petits beaux eſprits moins délicats que rafinés & frivoles ; cœurs ingrats & deſſéchés, perdus de débauches, ou de réflexions. Vous n'êtes pas faits pour le plaiſir de verſer des larmes.

PERSONNAGES.

HOMMES.

(*) SOROGOUD.

BARNWELL, *Oncle de George.*

GEORGE BARNWELL.

TRUMAN.

BLONT.

FEMMES.

MARIE.

MILVOUD.

LUCIE.

OFFICIERS *de Justice & leur suite;* GEOLIER, VALETS.

La Scene est à Londres & dans un Village prochain.

(*) J'ai pris la liberté d'estropier un peu les noms, pour les rendre plus faciles à prononcer au Lecteur François.

LE MARCHAND DE LONDRES, OU L'HISTOIRE DE GEORGE BARNWELL.

ACTE I.

SCENE I.

La Scene est dans une chambre de la Maison de Sorogoud.

SOROGOUD, TRUMAN.

TRUMAN.

MOnſieur, les Lettres de Genes ſont arrivées.

(*Il lui remet les lettres.*)

SOROGOUD.

Le Ciel ſoit loué ! La tempête qui

nous menaçoit eſt diſſipée pour un temps. L'Eſpagnol fruſtré des ſecours qu'il comptoit recevoir de Genes, ſe voit obligé d'attendre l'arrivée des tréſors de ſon nouveau monde, pour remplir ſes coffres épuiſés, & ſe mettre en état d'exécuter ſes funeſtes deſſeins contre cette Iſle. Nous avons du temps maintenant pour faire des préparatifs de notre côté; & pour peu que le Ciel nous favoriſe, il nous ſera aiſé de prévenir l'orage, & de le faire retomber ſur notre ennemi.

TRUMAN.

Il faudroit être bien peu ſenſible pour ne l'être pas au danger de ſa Patrie. Mais, Monſieur, oſerois-je vous demander par quels moyens? .....

SOROGOUD.

Votre curioſité eſt louable, & je me fais un vrai plaiſir de la ſatisfaire. Vous verrez par là ce que dans certaines circonſtances peuvent d'honnêtes Négocians, comme nous, pour ſauver leur Patrie & lui aſſurer ce bonheur qu'ils lui procurent dans tous les temps; & ſi jamais vous étiez tenté de quelque baſſeſſe, l'idée que vous aurez priſe de votre Profeſſion vous fera rejetter avec un généreux mépris tout ce qui en pourroit blesser sa dignité.

TRUMAN.

Nous ferions sans doute inexcusables Barnwell & moi, qui jouissons de votre exemple, si jamais notre mauvaise conduite nous faisoit déroger à l'honneur de notre état.

SOROGOUD.

Le nom de Négociant ne dégrade ni n'exclut le Gentilhomme. Mais, vous me faites des complimens, je crois (*Truman fait une profonde révérence.*) Allez, je ne m'en fâche point; gardez-vous seulement de vous former une habitude de complaisance aux dépens de votre sincérité.

Pour répondre à votre question; la Banque de Genes étoit convenue avec le Roi d'Espagne de lui avancer à un gros intérêt & sur de bonnes assurances, une somme d'argent si considérable, qu'elle eût suffi à l'équipement de toute sa Flotte. Informée de cet arrangement, notre sage Reine, si justement nommée la mere de son Peuple, envoya son Secretaire Walsingam pour consulter les Négocians de sa fidelle Ville de Londres; qui d'un commun accord écrivirent chacun à leurs divers Agens, d'employer tout leur crédit auprès des Genois, pour les porter à rompre le Traité qu'ils avoient avec la Cour d'Espagne. C'est une affaire faite : le Sénat & la Banque de Genes, après avoir mûrement examiné les choses, & balancé leurs véritables intérêts, ont préféré l'amitié des Négocians de Londres à celle d'un Monarque qui prend le titre fastueux de Roi des deux Indes.

TRUMAN.

Heureux succès d'un conseil prudent! Que d'or & de sang épargnés ! Grande Reine, que vous ressemblez peu à ces Princes qui se font un prétexte des dangers publics, pour opprimer leurs sujets par des exactions insupportables !

SOROGOUD.

Non, ce n'est point ainsi qu'en use notre gracieuse Reine; l'amour de ses Sujets est son plus riche trésor; & leur félicité sa plus grande gloire.

TRUMAN.

Cette protection désintéressée qu'elle nous accorde, est un présent bien digne de sa grandeur & de notre reconnoisſance.... N'avez-vous rien à m'ordonner, Monſieur?

SOROGOUD.

Voyez ſi parmi ces mémoires d'Artiſans, il n'y en auroit point qui n'euſſent pas encore été payés; ſi vous en trouvez, acquittez-les, & envoyez l'argent chez ces pauvres ouvriers : il n'eſt pas juſte de leur faire perdre, à le venir chercher, un temps précieux au Public & à leurs familles.

SCENE II.

SOROGOUD, MARIE.

SOROGOUD.

EH bien! Marie, avez-vous donné vos ordres pour le repas? Je voudrois qu'il y eut de l'abondance & du choix, qu'il fut un peu digne des Convives, & qu'ils puſſent au moins ſe louer de l'accueil que nous leur faiſons.

MARIE.

Vous ſerez ſatisfait, mon Pere; je n'ai rien épargné.

SOROGOUD.

Je connois vos attentions, & j'ai eu tort de vous rien prescrire.

MARIE.

Je ne sais, je ne me sens point du tout propre à la conversation....

SOROGOUD.

Ah! il ne faut pas vous laisser aller à votre mélancolie.

MARIE.

Elle augmentera si je vois du monde; dispensez-moi de paroître, je vous prie, la solitude est la seule chose qui me convienne aujourd'hui.

SOROGOUD.

Mais vous n'ignorez pas que c'est principalement à cause de vous, que ces illustres personnes me font si souvent l'honneur de venir chez moi. Voulez-vous qu'ils aient à se repentir de leur complaisance & de la peine qu'ils ont prise?

MARIE.

Si leurs visites ne sont point pour vous, je n'imagine pas qu'elles soient pour votre fille, dont le seul mérite est de vous appartenir. Un homme de qualité, qui fréquente un Négociant de votre caractere, lui fait honneur, mais il ne se deshonore point.

SOROGOUD.

Allons, allons, ma fille, convenez que sans manquer d'égards pour moi, un jeune homme peut trouver plus d'agrément dans votre conversation que dans la mienne. Je me rappelle un temps, où la plus grande & la meilleure compagnie d'Angleterre m'auroit paru bien insipide, si elle m'eut fait perdre une occasion de voir votre mere.

MARIE.

Je suis sûre qu'elle ne se plaisoit pas moins avec vous, que vous avec elle. Des cœurs tels que les vôtres n'ont dû connoître que des plaisirs réciproques.

SOROGOUD.

Ecoutez, ma chere Fille; vous savez que je n'ai d'héritiers, que je n'ai d'enfans que vous. C'est à vous seule à recueillir tous les fruits d'un long & heureux commerce. Que je vois seulement avec qui vous aimeriez à les partager; ce sera pour votre pere une satisfaction aussi grande que la tendresse qu'il a pour vous. Tous les jours je suis sollicité à votre sujet par des perſonnes du premier rang & du premier mérite ; mais j'ai toujours éludé leurs recherches, eſpérant qu'à force d'obſerver votre cœur, j'en pourrois enfin découvrir le penchant. Je ſais que ſans une inclination mutuelle, il n'eſt point de bonheur dans l'état du mariage ; & j'aimerois mieux avoir à juſtifier votre choix par mon approbation, qu'à le déterminer par mes conſeils.

MARIE.

Que vous dirai-je, & comment répondre à des bontés qui n'ont pas d'exemple dans les plus tendres peres ? J'avouerai, cependant, que ſi vous étiez moins indulgent, je ſerois bien malheureuſe. De tous ceux qui nous honorent de leurs viſites, vous avez pu remarquer qu'il n'y en a aucun que je ne regarde avec eſtime, mais avec indifférence. Si vous aviez uſé de votre autorité de pere, j'aurois obéi ſans doute, mais en ſacrifiant mon repos à mon devoir.

SOROGOUD.

Je n'en attendois pas moins de la parfaite ſoumiſſion que j'éprouve de votre part en toute autre choſe ; auſſi n'avois-je garde de faire pancher la balance, & de gêner votre liberté dans une affaire où votre bonheur est si essentiellement intéressé.

MARIE.

Peut-être n'ai-je pas assez de cette juste ambition qui conviendroit à votre fille : quoi qu'il en soit, les titres que donne la naissance, n'en sont point un pour mon cœur.

SOROGOUD.

Les prérogatives de la naissance & de la fortune ne rendent point un homme recommandable, s'il ne l'est encore plus par son mérite : mais pour quelqu'un qui en est digne, ce sont toujours des avantages réels, & qui mettent ses vertus dans le jour le plus favorable.

MARIE.

Je n'oserois répondre de mes sentimens à tous égards, mais je suis bien sûre qu'ils seront toujours soumis à votre autorité & à votre prudence ; & comme vous ne voulez pas m'engager dans un mariage contraire à mon inclination, aussi jamais mon inclination ne se permettra-t-elle rien contre mon devoir. Puis-je me retirer ?

SOROGOUD.

Je vous suis dans votre appartement.

SCENE III.

La Scene est dans la maison de Milvoud.

MILVOUD, LUCIE.

MILVOUD, (*à sa toilette.*)

COMMENT me trouves-tu aujourd'hui, Lucie ?

LUCIE.

Oh ! Divine, Madame. Encore un peu de rouge, & je défie qu'on y puisse tenir. Mais, pourquoi ce soin extraordinaire que vous prenez aujourd'hui de votre teint & de votre parure, viseriez-vous à quelque nouvelle conquête ?

MILVOUD.

Une conquête ! ce seroit quelque chose de nouveau effectivement.

LUCIE.

Non pas pour vous, Madame, qui en faites tous les jours.... Mais pour moi.... Oh ! il ne faut pas que je m'y attende.... Malheureuse comme je ſuis. . . . . . Mais votre eſprit & votre beauté. . . . .

MILVOUD.

Mon eſprit & ma beauté ont commencé par me rendre miſérable, & je le ſuis encore. Les hommes les plus généreux & les plus ſinceres les uns à l'égard des autres, ne ſont avec nous qu'avarice & qu'hypocriſie : ils n'ont d'eſtime & de conſidération pour nous, qu'autant que nous contribuons à leurs plaiſirs.

LUCIE.

Mais ne ſont-ils pas chargés de toute la dépenſe, & n'eſt-ce pas notre faute après tout, ſi nous ne prenons pas notre part du plaiſir ?

MILVOUD.

Ah ! nous ne ſommes que les eſclaves des hommes.

LUCIE.

Ce ſont eux bien plutôt qui ſont nos eſclaves, puiſque nous les mettons à contribution.

MILVOUD.

Les eſclaves n'ont rien en propre, pas même leur propre perſonne, tout eſt au vainqueur.

LUCIE.

Vous êtes furieusement despotique dans vos principes, Madame.

MILVOUD.

Je veux des conquêtes complettes, comme celles des Espagnols dans le Nouveau monde, qui dépouillerent les Naturels du pays de tous leurs biens, & les condamnerent ensuite à travailler aux mines le reste de leur vie pour leur en acquérir davantage.

LUCIE.

Oh bien ! je n'approuverai jamais votre gouvernement ; je serois plus équitable & plus politique que vous, & je voudrois donner des emplois plus doux à mes sujets.

MILVOUD.

Tu ne sais ce que tu dis ; c'est une maxime généralement établie parmi les hommes, qu'une femme sans vertu, comme un homme sans honneur, est capable des actions les plus indignes. Cependant, voyez les peines qu'ils se donnent, voyez les artifices qu'ils mettent en usage pour séduire notre innocence & nous rendre méprisables à leurs propres yeux. N'est-il donc pas bien juſte que les ſcélérats nous trouvent telles à leurs dépens? Mais le reproche de leur conſcience les rend ſoupçonneux, & les tient ſur leurs gardes; c'eſt pourquoi nous ne pouvons prendre nos avantages qu'avec les plus jeunes, avec ces innocentes victimes, qui n'ayant jamais fait d'injure à notre ſexe, n'en appréhendent point de ſa part.

LUCIE.

Oui.... Les plus jeunes.

MILVOUD.

J'en ai trouvé un, ſi je ne me trompe. En paſſant dans la cité, (*a*) je l'ai ſouvent remarqué qui recevoit ou payoit des ſommes conſidérables; il faut qu'il ſoit employé dans des affaires de conſéquence.

LUCIE.

Eſt-il d'une jolie figure?

MILVOUD.

Eh! oui, le ſot n'eſt pas mal tourné, & ſon viſage eſt aſſez revenant.

LUCIE.

Son âge à peu près?

(*a*) L'ancienne Ville de Londres, le quartier des Négocians.

MILVOUD.

Dix-huit ans.

LUCIE.

Innocent, bien fait, dix-huit ans! vous allez être la plus heureuse femme du monde : mais savez-vous que si vous le ménagez bien, vous le pourrez tenir deux ou trois ans dans vos filets.

MILVOUD.

Va, si je le ménage bien, je l'aurai plutôt expédié. Il y a plus d'un jour que je le couche en joue. Enfin, l'ayant rencontré hier, je m'arrêtai tout court vis-à-vis de lui, & le regardant fixement, mais avec douceur, je lui demandai son nom. *George Barnwell*, me répondit-il en rougissant, & en me faisant une profonde révérence. Je lui demandai pardon de la liberté que j'avois prise, & je lui dis qu'il étoit la personne que je cherchois depuis plusieurs jours, & à qui j'avois une affaire importante à communiquer dans un temps & dans un lieu convenables ; il me nomma un cabaret ; je lui parlai de mon honneur & de ma réputation, & je lui proposai de venir chez moi. Il mordit à l'hameçon, il me donna parole, & voici à peu près l'heure où je l'attends. (*On frappe à la porte.*) Quelqu'un frappe..... Entends-tu? Je ne ſuis au logis de tout le jour pour perſonne au monde que pour lui.

SCENE IV.

MILVOUD *ſeule, continuant de ſe parer avec précipitation.*

IL faut que les petites affaires faſſent place aux grandes.... Je ſuis bien trompée, ſi celle-ci ne devient de quelque importance pour moi.... & pour lui.... mais de quelle maniere le recevrons-nous? Voyons.... à qui eſt-ce que j'ai affaire ici? à un jeune homme timide & innocent. Il n'eſt pas queſtion de l'aller déconcerter d'abord. Mais ſi je me connois un peu en phyſionomie, il eſt d'un tempérament amoureux, & avec un peu de ſecours il viendra bientôt à bout de ſa modeſtie. Fions-nous à la Nature; elle fait des merveilles dans ces occaſions. Si paroître ce que l'on n'eſt pas pour faire mieux goûter ce qu'on eſt, & dire préciſément le contraire de ce qu'on penſe, eſt un effet de l'art dans les femmes, je n'entends rien à la Nature.

SCENE V.

MILVOUD, BARNWELL, LUCIE (*à quelque diſtance.*)

BARNWELL *fait une profonde révérence.*

MILVOUD.

MOnſieur, la ſurpriſe & la joie que j'ai....

BARNWELL.

Madame.

MILVOUD (*s'avançant vers lui.*)

C'eſt une faveur ſi grande....

BARNWELL.

Pardon, Madame.

MILVOUD (*s'avançant toujours davantage.*)

Si peu eſpérée....

BARNWELL (*la ſaluant & reculant d'un air confus.*)

Madame!

MILVOUD.

De vous voir ici.... Pardonnez à la confusion où je suis.

BARNWELL.

Je crains d'avoir pris trop de hardiesse.

MILVOUD.

Ah! Monsieur, j'ai bien lieu de craindre.... Mais voulez-vous bien vous asseoir? Je suis aussi embarrassée à recevoir, comme je le dois, l'honneur que vous me faites, que surprise de vous voir ici.

BARNWELL.

J'ai cru que vous m'attendiez : j'avois promis de venir.

MILVOUD.

C'est ce qui m'étonne davantage. Il y a si peu d'hommes qui tiennent aussi fidélement leur parole...

BARNWELL.

Un honnête homme n'y manque jamais.

MILVOUD.

Oh! je sais bien que vous n'y manquez pas entre vous: mais pour nous autres femmes, rarement nous jugez-vous dignes de votre souvenir.

Elle porte sa main sur celles de Barnwell comme par distraction.

BARNWELL, *à part.*

Son désordre est si grand qu'elle ne s'apperçoit pas que sa main est sur la mienne. Ciel comme elle tremble! Que signifie ceci.

MILVOUD.

J'aurois une question à vous faire: Ce qui me rend curieuse, c'est l'intérêt que je prends à ce qui vous regarde, dont vous saurez la raison dans la suite.... Oui.... s'il n'y avoit point trop d'indiscrétion à vous le demander, je vous prierois de m'ouvrir votre cœur sur un sujet...

BARNWELL.

Ordonnez, Madame, je n'aurai point de secret pour vous.

MILVOUD.

Vous allez me trouver bien hardie.

BARNVELL.

Point du tout.

MILVOUD.

(*) Eh bien! ..... je voudrois ſavoir ſi vous avez jamais aimé?

BARNWELL.

Non.

MILWOUD.

Comment non! vous ne connoiſſez donc point l'Amour?

BARNWELL.

Mais l'Amour..... Si c'eſt de celui qu'on ſent pour les femmes que vous voulez parler, je vous avoue que je ne me ſuis jamais conſulté là-deſſus; ma jeuneſſe & ma ſituation ne me permettent point encore d'y ſonger. Mais ſi c'eſt de l'Amour général pour le genre humain, je ne penſe pas qu'on en puiſſe avoir plus que moi. Il n'y a perſonne à qui je ne ſouhaite du bien, & que je ne rendiſſe heureux, ſi je le pouvois. J'aime d'une façon toute particuliere mon oncle & mon maître; mais ſur-tout mon ami.

MILVOUD.

Vous avez donc un ami que vous aimez?

(*) J'ai fait ici quelques légers changemens pour adoucir ce qu'il y avoit de plus choquant.

BARNWELL.

Oui, ſincérement comme je ſuis aimé de lui.

MILVOUD.

Et ſans doute il vous voit ſouvent.

BARNWELL.

Nous logeons dans la même maiſon, & nous ſervons le même Négociant.

MILVOUD.

Que je lui envie le bonheur de vous connoître, & que je me plains de mon ſexe .... de moi-même .... Peut-être, ſi j'avois été homme, aurois-je eu quelque part dans votre amitié ... Mais je ſens bien ....

BARNWELL, (*à part.*)

Je n'avois jamais bien remarqué de femmes juſqu'à préſent : c'eſt la plus belle que j'aie vu de ma vie. (*à elle.*) Vous paroiſſez en déſordre, Madame, puis-je ſavoir la cauſe ? ...

MILVOUD.

Ah ! ne me la demandez pas.... Je ne ſaurois vous la dire, quelle qu'elle ſoit.... Je ſouhaite des choſes ridicules.... Je voudrois être... domeſtique de ce Maître que vous ſervez.

BARNWELL, (*à part.*)

Que ses paroles & ses manieres ont quelque chose de bien étrange & de bien doux ! L'impression qu'elles font sur moi m'étonne. Je sens des desirs que je n'ai jamais éprouvés. Il faut que je m'en aille pendant que j'en ai la force. (*à elle.*) Madame, souffrez que je prenne congé de vous.

MILVOUD.

Ah ! vous ne me quitterez pas si-tôt.

BARNWELL.

Il le faut, Madame.

MILVOUD.

Il y auroit de la cruauté ; j'ai compté que vous me feriez le plaisir de souper avec moi.

BARNWELL.

Je suis fâché d'être obligé de refuser l'honneur que vous voulez me faire ; mais il faut que je me rende chez mon Maître ; je ne lui ai jamais manqué, il est si doux & si bienfaisant ! Si je venois à négliger mon devoir, il me le pardonneroit peut-être, mais je ne me le pardonnerois pas moi-même.

MILVOUD.

Vous me refusez la seconde faveur

que je me ſois jamais abaiſſée à demander. Allez-donc, Monſieur, allez je ne vous retiens plus ; mais ſouvenez-vous que vous êtes le premier & le ſeul homme capable de m'obliger à demander deux fois une grace.

BARNWELL.

Comment voulez-vous donc que je faſſe ? Je ne puis ni m'en aller, ni reſter.

MILVOUD.

Ne vous en allez point, reſtez. Je ſens ma fierté qui ſe révolte contre la vôtre ; mais lorſque je vous regarde, lorſque je vois ces yeux... Oh ! diſpenſez-moi de vous dire ce que ma rougeur & ce torrent de larmes que je ne puis plus retenir, ne vous laiſſent que trop voir pour l'honneur de mon ſexe.

BARNWELL. (*à part.*)

O Ciel ! elle m'aimeroit ! .... Moi ! .... ſes regards, ſes diſcours, ſes larmes m'en font l'aveu. Et je pourrois la quitter ? Non, jamais, jamais... (*à elle.*) Ne pleurez point, Madame ; diſpoſez de moi pour toujours. Je demeure ici toute ma vie, ſi vous le voulez.

LUCIE. (*à part.*)

Bon ! elle l'a déjà fait déſobéir à ſon

Maître; elle lui ôtera bientôt tous ses scrupules l'un après l'autre, & ne lui en laissera pas plus qu'il ne lui en reste à elle ou à moi.

MILVOUD.

Ah ! voilà de la complaisance; mais je ne prétends pas en abuser ; servez votre Maître ; je veux bien que vous le serviez; mais il ne faut pas être son esclave.

LUCIE. (*à part.*)

Je veux bien que vous le serviez. Oh ! oui ; car sans cela il ne trouveroit pas l'occasion de le voler, & te de servir toi ; n'est-ce pas ?

SCENE VI.

MILVOUD, BARNWELL, LUCIE, BLONT.

BLONT.

MADAME, le souper est servi.

MILVOUD.

Venez, Monsieur, vous allez faire mauvaise chere, j'espere que vous m'excuserez, j'étois trop occupée du convive pour pouvoir l'être du repas.

SCENE VII.

LUCIE, BLONT.

BLONT.

QUE veulent dire tous ces préparatifs, ce souper délicat, ces vins de toute espece, cette Musique, pour régaler ce jeune drôle ?

LUCIE.

Cela t'étonne.

BLONT.

Notre Maîtresse est-elle devenue folle ? elle est amoureuse de lui, je gage.

LUCIE.

Je gage que non ; mais elle voudroit le rendre amoureux d'elle, si elle pouvoit.

BLONT.

Qu'y gagneroit-elle ? Il ne paroît pas encore en âge d'avoir beaucoup d'argent.

LUCIE.

Mais son maître en a, & c'est la même chose pour elle.

BLONT.

Tient, je n'aime point du tout ce badinage-là avec un jeune homme bien fait. En tâchant de le faire donner dans le piége, elle pourroit bien y être prise.

LUCIE.

Cela arriveroit sûrement, si elle me ressembloit. J'avoue qu'il y a quelque chose dans la jeunesse & dans l'innocence qui a beaucoup de pouvoir sur moi.

BLONT.

A peu près comme le beau duvet & l'embonpoint d'une Perdrix, tentent le Faucon d'en faire sa proie.

LUCIE.

Oui; les Oiseaux sont sa proie, & les hommes sont la nôtre; avec cette différence, comme tu le dis, que nous y sommes attrapés quelquefois nous-même. Mais je suis bien sûre que notre maîtresse ne sera jamais dans ce cas-là.

BLONT.

Je le souhaite: car au bout du compte, ce n'est que par son moyen que nous subsistons; & si elle va s'amuser à la bagatelle avec un jeune homme sans argent, nous allons tous mourir de faim.

LUCIE.

Va, ne crains rien; je te répons que dans cette affaire-ci, elle n'a d'autre vûe que son intérêt.

BLONT.

Oui ; mais quelle espérance de reussir ?

LUCIE.

La plus grande du monde. Il est vrai que le jeune homme a quelques scrupules ; mais elle lui aura bientôt appris à les étouffer. Oh ! tu peux compter qu'il est en beau chemin. *Le fond du Théatre s'ouvre & fait voir Barnwell & Milvoud. On entend un concert de voix & d'instrumens. Après quoi ils s'avancent sur le devant du Théatre.*

SCENE VIII.

MILVOUD, BARNWELL.

BARNWELL.

QUE puis-je vous répondre ? tout ce que je sais, c'est que vous êtes belle & que je suis malheureux.

MILVOUD.

Nous le sommes tous deux, & c'est bien notre faute.

BARNWELL.

Mais, Madame, se plonger dans le crime pour soulager nos peines, c'est acheter un moment de plaiſir au prix d'un ſiecle de tourmens.

MILVOUD.

J'aurois cru que les plaiſirs de l'Amour étoient auſſi durables que vifs : ſi les nôtres ne le ſont pas, ne vous en prenez qu'à votre inconſtance.

BARNWELL.

Mais il y a une loi qui nous défend de nous abandonner à nos paſſions.

MILVOUD.

Quoi ! la Nature nous aura donné de la ſenſibilité, des deſirs, & nous défendra de jouir du bonheur qu'elle nous préſente ? Ah ! c'eſt une barbarie. N'eſt-ce donc que pour nous tourmenter qu'elle nous inſpire des paſſions ?

BARNWELL.

A vous entendre plaider la cauſe du vice, à contempler votre beauté, à ſerrer cette main, à voir ce ſein d'albâtre s'abaiſſer & s'élever, mes eſprits s'échauffent, mes deſirs s'enflamment, tous mes ſens tombent dans un déſordre, dont la douceur eſt une eſpéce de tourment. Mais à ce moment de délices faut-il donc ſacrifier mon innocence, la paix de mon ame, l'eſpérance d'un ſolide bonheur ?

MILVOUD.

Chiméres que tout cela ! Vénez, venez éprouver avec moi que la Terre & le Ciel n'ont rien d'égal aux plaisirs de l'Amour.

BARNWELL.

Je voudrois.... Je ne puis.... Allons.

(a) » Ainsi l'avide Marchand s'arra» che au repos dont il jouit, pour al» ler chercher l'or d'une terre incon» nue, à travers les mers orageuses, » les sables & les rochers. Il balance, » mais il se détermine enfin ; il part, » les vents l'emportent, soupirant à la » fois après les biens qu'il se figure dans » l'avenir, & après ceux qu'il laisse der» riere lui.

(a) Ceci est en vers dans l'original. Dans les pieces Angloises écrites en prose, chaque Acte est ordinairement fermé par quelques vers pompeux, qui renferment le plus souvent une comparaison fort recherchée & fort déplacée.

Purpureus, latè qui splendeat, unus & alter Assuitur pannus.

Fin du premier Acte.

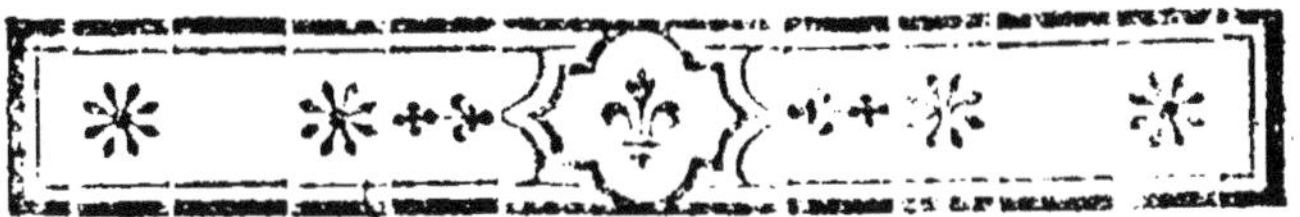

ACTE II.

SCENE I.

La Scene est dans une chambre de la maison de Sorogoud.

BARNWELL, (*seul.*)

QUe tout ce qui m'environne m'est étrange! Où me cacher? Je marche en tremblant, comme dans un lieu dont l'entrée m'est interdite. Je parcours avec effroi chaque appartement de cette maison, qui m'est si connue.... C'étoit donc peu d'un amour criminel, j'y ai ajouté un vol.... un vol! Puis-je me sentir coupable de cette indigne action, & lever les yeux sur mon vertueux ami, & sur mon maître dont j'ai trahi la confiance? Si mon hypocrisie peut déguiser quelque temps mon crime; ne faut-il pas qu'il éclate enfin avec ma confusion & ma ruine? Cependant que deviendrai-je ? Toujours parler un langage étranger à mon cœur, toujours ajouter le crime au crime, pour couvrir l'un par l'autre ! .... Telle étoit sans doute la condition du grand Apoſtat, quand il eut perdu ſon innocence ; errant, déſolé, comme moi, il portoit avec lui ſon enfer dans le ſein du Ciel même.

SCENE II.

BARNWELL, TRUMAN.

TRUMAN.

C'Eſt toi, Barnwell ? Que j'ai de plaiſir à te revoir ! Quelle ſera la joie de notre Maître & de ſon aimable fille, qui t'a ſi ſouvent demandé pendant ton abſence !

BARNWELL, (*à part.*)

Que ne puis-je me dérober à lui ! ſon importune amitié va fouiller dans les ſecrets de mon cœur.

TRUMAN.

Tu ne ſaurois imaginer combien tu es aimé dans la maiſon. Si tu avois pu être témoin de notre inquiétude..... Mais d'où vient ce froid silence ? Crains-tu de voir la joie que ton retour me cause ? Tu détournes les yeux, tu m'évites. Qu'ai-je donc fait ? Ne suis-je plus le même depuis que je ne t'ai vu ? ou plutôt qu'as-tu fait toi-même ? & pourquoi ton cœur est-il changé ? car le mien ne l'est pas.

BARNWELL, (*à part.*)

Ce que j'ai fait !

TRUMAN.

Quoi ! pas un mot, pas un regard.

BARNWELL, (*à part.*)

Il lira sur mon visage tout ce que je veux lui cacher ! Je crois que je commence à le haïr.

TRUMAN.

Je ne puis soutenir ce procédé de la part d'un ami, que jusqu'à ce moment j'ai trouvé si tendre, & que j'aime encore..... Malgré sa dureté qui m'outrage, & qui détruiroit toute autre amitié que la mienne.

BARNWELL, (*se tournant vers lui.*)

Je ne suis pas bien. Le sommeil n'a point fermé ces yeux depuis que tu ne les as vus.

TRUMAN.

En effet, ils me paroiſſent appeſantis & enflés de larmes; que vois-je? Ils en ſont inondés. Ah! mon cœur s'étoit bien préſagé pendant ton abſence quelque choſe de fatal à notre repos.

BARNWELL.

Ton amitié t'engage trop avant. Quelles que ſoient mes peines, elles ne ſont que pour moi, tu n'y dois prendre aucun intérêt; je ne mérite pas de te donner un moment d'inquiétude.

TRUMAN.

Eſt-ce un ami qui me parle? Ah! j'ai ſenti tes chagrins avant que de les appercevoir; je les éprouve dans toute leur étendue, quoique tu m'en laiſſes ignorer la ſource. Crois-tu que le ſommeil m'ait été moins étranger qu'à toi depuis que nous nous ſommes quittés? Seul & penſif dans ma chambre, j'ai paſſé cette longue nuit à faire des vœux pour ta ſûreté & pour ton retour.

BARNWELL.

Tout change enfin. L'amitié, tous les engagemens ceſſent ſelon les diverſes circonſtances; & puiſque tu peux un jour me haïr, peut-être nous conviendroit-il mieux à l'un & à l'autre que tu commençasses à m'aimer un peu moins.

TRUMAN.

Oh! c'est un songe. Barnwell me traiter ainsi sans sujet.... Adieu lâche & ingrat jeune homme, je vais tâcher de suivre tes conseils.... (*il s'en va, & revient.*) Mais quoi! peut-être que je suis injuste, & que je me mets en colere, lorsque je devrois être ému de compassion. Il faut qu'il lui soit arrivé quelque malheur inoui.

BARNWELL, (*à part.*)

A quel personnage suis-je réduit? Il est bas & indigne de laisser souffrir ainsi le meilleur des amis & des hommes.

TRUMAN.

J'ai tort, pardonne, cher Barnwell, tâche de calmer ces transports, & laisse-m'en voir la cause, les conseils d'un ami pourront te rendre le repos.

BARNWELL.

Tout ce qu'il est possible à un homme de faire pour un autre, ta généreuse amitié le feroit pour moi; mais dans le cas où je suis, tous tes efforts seroient inutiles.

TRUMAN.

Ah! donne quelqu'essor à cette douleur terrible qui fermente dans ton sein; n'y eut-il point de remede, je la rendrai du moins plus légere en la partageant avec toi.

BARNWELL.

Vaine idée! mes malheurs croissent à mesure qu'on les observe; si l'on en découvroit la cause, ils n'auroient plus de bornes.

TRUMAN.

Je connois ton cœur, il est vertueux, il ne peut receler un crime.

BARNWELL.

O supplice insupportable!

TRUMAN.

Pourquoi donc m'en fermer l'entrée? Ai-je quelque pensée dont je voulusse te faire un secret?

BARNWELL.

Ecoute, si tu me presse davantage sur cet odieux sujet, j'abandonne cette maison pour toujours, & ne te revois de ma vie.

TRUMAN.

C'est quelque chose d'étrange....

Mais, voilà qui est fini, dis-moi seulement que tu ne me hais point.

BARNWELL.

Moi te haïr! Je serois assez monstre....

TRUMAN.

Souffriras-tu encore mon amitié?

BARNWELL.

C'est un bien dont je n'ai jamais été digne; mais que je ne puis désormais accepter qu'à certaines conditions.

TRUMAN.

Et quelles sont ces conditions?

BARNWELL.

Que jamais à l'avenir, quelqu'étonnante que te paroisse ma conduite, tu n'en veuilles savoir plus que je ne voudrai t'en apprendre.

TRUMAN.

La condition est dure; mais quelle qu'elle soit, je ne puis cesser d'être ton ami.

BARNWELL.

Viens donc. Autant qu'un homme perdu pour soi-même peut être à un autre, je suis à toi. (*il l'embrasse.*)

TRUMAN.

Sois toujours mon ami, & puisse le Ciel te rendre la tranquillité!

BARNWELL.

Le jour d'hier peut-il revenir ? On a vu le Soleil s'arrêter dans sa course & retourner en arriere ; (*) mais on n'a point encore vu revenir le temps une fois écoulé.

TRUMAN.

Non, jamais le temps n'a été arrêté dans sa course, il la doit suivre sans interruption, jusqu'à ce qu'il aille se perdre dans l'éternité & trouver sa fin où il a pris son commencement : cependant le Ciel peut réparer les désordres du temps, & nous ne devons jamais désespérer. Mais, l'emploi de ce temps demande notre attention ; l'oisiveté est un piege pour la jeunesse, l'occupation est le préservatif.... Viens-tu avec moi ?

BARNWELL.

J'ai besoin d'un moment pour faire quelques réflexions, & je te suis.

(*) L'Anglois ajoute : *on a vu des Morts ressuscités, des Rochers arides devenir des sources d'eaux vives, la Mer s'ouvrir & former deux murs liquides pour laisser passer une Nation au travers de son sein desséché ; on a vu des Lions affamés s'abstenir de leur proie, des hommes intrépides marcher au milieu des flammes sans en être consumés.*

SCENE III.

BARNWELL (*seul.*)

J'Aurois pu m'ouvrir à Truman & le prier de s'adresser à mon oncle pour réparer le tort que j'ai fait à mon Maître. Mais que deviendra Milvoud? Dois-je l'exposer aussi? Le procédé seroit lâche. Le Ciel ne l'exige point; mais il m'ordonne de la quitter! Il me l'ordonne! Quoi, je ne la reverrois plus! Ah! j'espere que je pourrai la revoir sans qu'il s'en offense. Espérance présomptueuse! j'ai déjà payé cher l'épreuve de ma fragilité; tenterai-je le Ciel de nouveau? Il m'abandonnera dans ma chûte & je ne pourrai m'en relever. Mais encore une fois, faut-il la quitter? La quitter pour jamais! sans lui en apprendre la raison! Elle qui m'aime si véritablement! La cruauté peut-elle être un devoir? Je juge de ce qu'elle doit sentir par ce que je souffre moi-même. D'un côté, l'amour de la vie & la crainte de l'infamie; de l'autre, un penchant aussi fort que la mort & la honte tiennent mon cœur balancé, comme entre-deux courans, qui s'entre-choquent avec fureur, sans pouvoir l'emporter l'un sur l'autre ! Ciel ! quel parti prendre ?

SCENE IV.

BARNWELL, SOROGOUD.

SOROGOUD.

VOus avez fait une faute, Barnwell, de vous être absenté cette nuit sans avertir ; j'ai des reproches à vous faire : mais je vois que vous m'avez prévenu ; cette modeste rougeur qui couvre votre visage, exprime la honte & le regret que vous avez d'avoir manqué. Le Ciel offensé n'en demande pas davantage. Serois-je plus difficile à appaiser, moi qui ai tant de besoin de l'indulgence des autres ? Osez me regarder, Barnwell ; si le pardon de votre faute & l'amour de votre Maître importent à votre repos, soyez sûr de l'un & de l'autre.

BARNWELL.

Ah ! Monsieur, vous ne connoissez

pas la nature & l'étendue de ma faute. Votre bonté me confond, je ne puis me résoudre à en abuser. Mais elle me force à vous révéler un secret honteux, que jamais la mort & les tourmens n'auroient pu m'arracher.

SOROGOUD.

Ç'en est assez, vous reconnoissez le tort que vous avez eu, je suis satisfait. Que le sentiment de sa faute est douloureux à une ame bien née ! ... (*à part*) C'est quelqu'étourderie de jeunesse qu'il ne convient pas de pénétrer.... L'homme est en général si fragile, que je suis plus touché que surpris des égaremens de sa jeunesse. La raison, toujours foible contre les passions, à peine formée à cet âge, dépourvue du secours de l'expérience, combat mollement, ou tombe sans résistance dans l'esclavage des sens. Le danger est alors d'autant plus pressant qu'il est moins prévu, & qu'on est moins préparé à se défendre.

BARNWELL.

Il faut que vous sachiez tout. Vous allez révoquer ma grace, vous allez m'abhorrer.

SOROGOUD.

Rien de tout cela. Mais soyez en garde contre les séductions de votre âge. Cette grande sensibilité au plaisir, ces passions vives, ces desirs fougueux ont besoin d'un frein puissant qui les réprime. Craignez sur-tout la rechûte ; en prenant l'habitude du vice, on perd le pouvoir de s'en affranchir.

BARNWELL.

Ecoutez-moi, que je vous confesse à genoux....

SOROGOUD.

Non, ne m'en parlez plus, je ne veux point entendre un aveu si cruel pour vous.

BARNWELL.

Cette générosité est pour moi un tourment plus cruel encore.

SOROGOUD.

Vous me devenez plus cher par vos remords que vous ne me l'étiez avant votre faute. Quelle qu'elle puisse être, je vois bien qu'il vous en a plus coûté pour la commettre, qu'à moi pour vous la pardonner.

SCENE V.

BARNWELL (*seul.*)

ET je ne meurs pas de honte d'avoir pu abuser si indignement de tant de bonté ! Vais-je me replonger dans le désordre ? Affreuse pensée ! Mais, Milvoud ? Milvoud ? Je l'abandonne, oui, le combat est fini, la vertu triomphe ; la raison peut convaincre l'esprit, mais la reconnoissance entraîne le cœur ; cette générosité inattendue me rend la vie. *Il sortoit, un Laquais entre.*

LE LAQUAIS.

Deux Dames demandent à vous parler de la part de Monsieur votre oncle qui est à la Campagne.

BARNWELL (*à part.*)

Deux Dames ! (*au Laquais*) Dites que je suis à elles dans le moment. (*le Laquais sort.*) Je crains de les voir. Tout m'allarme à présent. Voilà l'effet du crime.

SCENE VI.

La Scene est dans une autre Chambre de la Maison de Sorogoud.

MILVOUD, LUCIE, UN LAQUAIS.

LE LAQUAIS.

IL va venir dans l'inſtant.

MILVOUD.

Fort bien, je vous ſuis obligée.

SCENE VII.

MILVOUD, LUCIE, BARNWELL.

BARNWELL.

O Ciel! Milvoud.

MILVOUD.

Ce regard enflammé de colere m'en dit aſſez. J'ai craint ce qui m'arrive; mon malheur me ſuit par-tout.

BARNWELL.

Vous voulez donc me perdre entiérement.

MILVOUD.

Cruel reproche ! C'eſt moi qui ſuis perdue, & qui n'ai plus d'autre ſoin que celui de votre bonheur.

BARNWELL.

Comment êtes-vous entrées !

MILVOUD.

Sans difficulté. Nous avons dit que nous venions vous parler de la part de votre oncle, & l'on nous a conduites ici.

BARNWELL.

Mais, pourquoi êtes-vous venues ?

MILVOUD.

Vous ne me ferez plus cette queſtion. Je ſuis venue pour vous dire un éternel adieu. Tel eſt le malheur de mon ſort ; je pars ſans eſpérance de revenir jamais. Cette heure eſt tout ce qui me reſte. Cette heure, qui va finir, eſt tout ce que j'ai à donner à l'amour & à vous, avec qui la vie la plus longue m'eût paru trop courte.

BARNWELL.

C'eſt donc pour nous ſéparer à jamais que nous nous rejoignons.

MILVOUD.

Il le faut. Mais ne penſez pas que jamais le temps ni l'absence puissent affoiblir ma douleur ou mon amour pour vous. Il faut que je vous quitte : mais ne me condamnez pas.

BARNWELL.

Moi, vous condamner ! non, j'approuve votre résolution, & je m'en félicite. Elle est juste, elle est nécessaire ; j'y ai pensé mûrement ; il faut que cela soit.

LUCIE (*à part.*)

J'ai peur qu'il n'ait plus de bon sens qu'elle n'avoit imaginé.

BARNWELL.

Avant que vous vinssiez, j'avois résolu de ne vous plus voir.

MILVOUD. (*à part.*)

Qu'entends-je ?

LUCIE (*à part.*)

Nous voilà toutes déroutées. C'est un changement si peu attendu.... Il n'y a plus de rôle pour moi, ils n'ont qu'à jouer la Scene à eux deux.

MILVOUD.

C'étoit une consolation pour moi d'imaginer que vous m'aimeriez peut-être quoiqu'absente. Mais que si la fortune m'eût été moins contraire, Barnwell eût

eût été plus cruel & plus inconstant que la fortune ; qu'il m'eût abandonné, c'est ce que je n'aurois jamais prévu, c'est à quoi j'avoue que ma fermeté n'étoit point préparée.

BARNWELL.

Je suis fâché de vous entendre blâmer une résolution qui nous convient si fort à l'un & à l'autre.

MILVOUD.

J'ai mes raisons ; mais vous n'en avez aucune.

BARNWELL.

Pouvons-nous manquer de raisons pour cesser de nous voir, nous qui en avons tant de souhaiter de ne nous être jamais vus ?

MILVOUD.

Regardez-moi, Barnwell, suis-je devenue difforme au point de faire succéder si promptement le dégoût au plaisir ? Regardez, regardez-moi bien. Ne suis-je donc plus la même personne que vous trouviez hier la plus belle & la plus aimable de son sexe, dont vous serriez avec transport la main dans la vôtre toute tremblante, tandis que vos yeux tendrement fixés sur les miens, sembloient devenir plus avides à meſure qu'ils jouiſſoient.

BARNWELL.

Laiſſez-moi, laiſſez-moi me repentir de mes égaremens ſans me rappeller ces images.

MILVOUD.

Quoi!

BARNWELL.

Je connois ma foibleſſe & le danger où je ſuis.

MILVOUD.

Quel danger? Puiſque nous allons nous ſéparer.

BARNWELL.

Oh! je ſens que cette ſéparation devient trop douloureuſe pour moi.

MILVOUD.

S'il eſt vrai qu'elle vous afflige, je puis donc au moins me flatter que vous ne me haïſſez point.

BARNWELL.

Non, ma chere Milvoud, non; je n'ai jamais dit, je n'ai jamais penſé que je puſſe vous haïr.

MILVOUD.

Que vous êtes ſenſible à mes malheurs.

BARNWELL.

Je le ſuis, oui, je le ſuis véritablement.

MILVOUD.

Que vous daignerez quelquefois penſer à moi.

BARNWELL.

J'y penſerai tant que je ſerai capable de penſer.

MILVOUD.

Je n'oſe vous demander un dernier embraſſement ..... ce ſeroit le dernier.......

BARNWELL. (*ſe retirant.*)

Ah ! c'eſt trop d'un regard. Adieu.... pour jamais.

SCENE VIII.

BARNWELL, (*ſeul.*)

SI c'eſt ſe vaincre que ſe réſoudre à ſouffrir, j'ai vaincu .....pénible conquête.

SCENE IX.

BARNWELL, MILVOUD, LUCIE.

MILVOUD.

PArdon, j'oubliois une chose. Je ne retourne plus dans ma maison; jevous en avertis, de peur que vous n'allassiez m'y chercher inutilement, si vous veniez à changer de pensée : mais peut-être l'avertissement n'étoit-il pas nécessaire.

BARNWELL.

C'est du moins une attention, dont je vous sais bon gré.

MILVOUD, (*à Lucie.*)

Donne-moi le bras, Lucie; *à lui en s'en allant.* Cette fois-ci c'est pour toujours.

BARNWELL.

Mais, Madame..... y auroit-il du danger à me dire où vous allez? Si vous ne le jugez pas à propos....

MILVOULD, (*pleurant.*)

Hélas!

LUCIE, (*à part.*)

Ceci reprend. C'eſt à moi à parler. *A lui.* Ah! Monſieur, elle va, elle ne ſait où; mais il faut qu'elle parte.

BARNWELL.

Je ne puis m'empêcher de vous ſouhaiter du bien. Mais pourquoi vous expoſer ſans néceſſité.... à des accidens....

LUCIE.

Il n'y a pas de remede, il faut qu'elle ſorte de la Ville à cette heure même, & du Royaume le plutôt qu'il ſoit poſſible. Soyez ſûr que ce n'étoit pas pour un léger ſujet qu'elle avoit pû ſe réſoudre à vous quitter.

MILVOUD.

C'eſt aſſez, Lucie. Puiſque celui pour l'amour de qui ſeul je ſouffre ſans murmure, prend quelque pitié de mes maux, cette idée ſuffit pour les adoucir en quelque lieu que je ſois contrainte d'errer.

BARNWELL.

Pour l'amour de moi! mais comment ſuis-je aſſez malheureux pour être la cauſe de votre ruine?

MILVOUD.

Il n'importe, je me ſoumets à mon ſort.

BARNWELL.

Ne me laiſſez pas dans cette incertitude.

MILVOUD.

J'en ai déjà trop dit.

BARNWELL.

Ah ! dites : comment puis-je avoir cauſé votre infortune ?

MILVOUD.

Si je vous le dis, je ne ferai qu'augmenter vos peines.

BARNWELL.

Elles ſont au point de ne pouvoir plus croître.

LUCIE.

Eh bien ! Monſieur, puiſqu'elle refuſe de vous répondre, je vais parler.

BARNWELL.

Parlez, je vous en conjure.

MILVOUD.

Au moins, Monſieur, ſouvenez-vous que c'eſt malgré moi.

BARNWELL. (*à Lucie.*)

Hâtez-vous de ſatisfaire mon impatience.

LUCIE.

Vous ſaurez donc que Madame étoit fille unique, & qu'elle étoit fort jeune quand elle perdit ses parens ; ils lui laisserent un bien . . . honnête , je vous assure , entre les mains d'un ami assez riche par lui-même.

MILVOUD.

Oui, oui, il est assez riche le traître.(*a*)

LUCIE.

Il fit son devoir en bon tuteur pendant quelque temps ; il lui établit une maison , lui donna des Domestiques ; dont vous avez vu de quelle maniere elle vivoit.

MILVOUD.

Le Ciel sait comment je pourrai subsister à l'avenir.

LUCIE.

Tout alla bien jusqu'à la mort de sa femme. Bientôt après (il y a quelque temps) il devint amoureux de sa pupile & se mit dans la tête de l'épouser. C'est un homme d'assez bonne mine, & qui est encore jeune ; mais je ne sais, elle n'a jamais pu le souffrir ; en un mot , elle l'a traité si durement, elle l'a si fort indis-

(*a*) J'ai supprimé ceci , qui m'a paru tout au moins superflu ; *mais que sont les biens de la fortune en comparaison de ceux de l'Amour ?*

posé par ses procédés, qu'il a produit un compte de tutelle par où elle se trouve lui devoir une somme considérable.

MILVOUD.

Considérable, non; mais suffisante pour me ruiner après tout le tort qu'il m'a fait précédemment dans les autres comptes qu'il m'a rendus.

LUCIE.

Se voyant ainsi sans argent & sans amis, excepté moi, qui suis aussi malheureuse que ma maîtresse, elle fut forcée de reconnoître la dette & de s'obliger à payer la somme qu'il lui demandoit. Cependant, il a continué à prendre soin d'elle, & même à lui faire sa cour; mais ayant été informé apparemment par quelque Domestique de la maison, que vous y aviez soupé & passé la nuit, il est venu ce matin comme un furieux, ne parlant plus de mariage; car il n'y a plus rien à espérer de ce côté-là, mais jurant de la perdre, si elle lui refusoit ce qu'il prétend qu'elle vous a accordé.

BARNWELL.

Faut-il qu'elle soit ruinée, ou qu'elle

ne trouve de ressource que dans les bras d'un autre !

MILVOUD.

Il ne m'a donné qu'une heure pour me déterminer ; je l'ai passée avec vous, je suis contente, je pars.

BARNWELL.

Quoi ! toujours poursuivi par la malice & par la vengeance, toujours dans la crainte & dans le danger, dans les besoins & dans la misere (*a*) sans amis, sans secours, sans asyle dans le monde. Vous pourriez souffrir tant de maux pour l'amour de moi, & je ne pourrois rien tenter, quoi ! rien absolument pour les prévenir.

LUCIE.

C'est une chose bien affreuse qu'on ne puisse trouver aucun moyen.....

BARNWELL.

Où sont à présent les résolutions que j'avois prises ? où sont les vapeurs du matin que le Soleil a fait évanouir ?

LUCIE.

Je lui conseillois moi d'avoir un peu

(*a*) J'ai cru devoir simplifier cet endroit-ci, & ne point traduire *les ardeurs de l'été*, *les rigueurs de l'hyver*, &c.

plus de complaisance pour ce méchant homme, qui pourroit après tout la tirer de peine & lui faire une fortune.

BARNWELL.

Non je ne le souffrirai point; j'aimerois mieux périr, j'aimerois mieux la voir périr elle-même, que de la voir hors de danger par ce moyen. Je cours à ma perte pour empêcher la sienne. Attendez, je reviens dans l'instant.

SCENE X.

MILVOUD, LUCIE.

LUCIE.

VOus avez bien fait de revenir sur vos pas, sans cela tout étoit perdu.

MILVOUD.

J'avoue que je n'avois pas prévu ce danger. Je craignois seulement qu'il ne revint sans argent; tu sais qu'il en faut pour soutenir une maison comme la mienne.

LUCIE.

Cela est vrai; mais il faut être raisonnable dans ses demandes; c'est conscience de décourager un pauvre jeune homme.

MILVOUD.

C'eſt mon affaire.

SCENE XI.

MILVOUD, LUCIE, BARNWELL.

BARNWELL, (*tenant un ſac d'argent.*)

QUE vais-je faire ? que feriez-vous à ma place, vous qui vous glorifiez tant de vos lumieres ? Je vous le demande ; faut-il la laiſſer ſouffrir à cauſe de moi, ou par ce léger ſurcroît à ma faute en prévenir les triſtes ſuites ?

LUCIE (*à part.*)

Ces jeunes pécheurs s'effarouchent de ſi peu de choſe.... Je pourrois lui apprendre qu'il ne fait rien là que de fort ordinaire ; une faute en produit une autre, cela eſt tout naturel. Mais pour peu qu'il vive, il le ſaura bientôt ſans que je le lui apprenne.

BARNWELL, (*à Milvoud.*)

Prenez, voilà de quoi rétablir vos affaires; retournez dans votre maiſon, & vivez en repos & en ſûreté.

MILVOUD.

Puis-je eſpérer de vous y revoir.

BARNWELL.

Allez, ne me dites rien, craignez de réveiller mes remords, je ſerois tenté de reprendre ce qui ne m'appartenoit pas, & de vous abandonner à vos malheurs.

MILVOUD.

Dites au moins que je vous reverrai.

BARNWELL.

Vous faites mon deſtin, mon bonheur & ma miſere; laiſſez-moi ſeulement dans ce moment-ci, & diſpoſez enſuite de moi comme il vous plaira.

SCENE XII.

BARNWELL, (*ſeul.*)

QU'ai-je fait? mes réſolutions étoient-elles raiſonnables & ſinceres? Pourquoi donc le Ciel a-t-il permis qu'elles fussent inutiles ? Je n'ai point cherché l'occasion, & si mon cœur ne me trompe, ses motifs ont été la compassion & la générosité. La vertu ne peut-elle s'accorder avec elle-même, ou si le vice & la vertu ne sont que de vains noms ? Peut-être dépendent-ils de certains événemens qu'il nous est impossible d'amener ni de prévenir, mais qui nous déterminent nécessairement. S'il est ainsi, comment osai-je prétendre à la raison ? Je ne vois que confusion, trouble & remords ; je suis perdu, déchu de toutes mes espérances, plongé dans le désordre sans savoir comment ni pourquoi : (*a*) mon imagination devient un abyme d'horreurs, un enfer, le siege des ténébres & des tourmens.

(*a*) Il y a encore ici deux vers dans l'Anglois; il y en a à la fin de chaque acte de cette piéce ; je n'en avertirai plus.

Fin du second Acte.

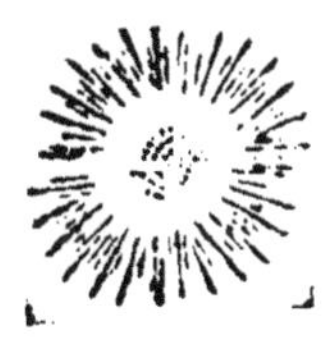

ACTE III.

SCENE PREMIERE.

La Scene est une Chambre de la maison de Sorogoud.

SOROGOUD, TRUMAN.

SOROGOUD.

J'Aimerois à vous voir étudier le commerce, non-seulement comme un moyen de faire votre fortune, mais comme une science qui a ses principes dans la raison & dans la nature, à vous voir porter vos réflexions sur les avantages dont il enrichit l'humanité, sur les arts, l'industrie, l'abondance, la paix, & cette bienveillance universelle qu'il répand d'un pôle à l'autre, cette heureuse communication de services mutuels qu'il a ouverte, & qu'il entretient entre des peuples si éloignés les uns des autres par leur situation, leurs usages & leur religion.

TRUMAN.

J'ai déjà fait quelques réflexions de cette nature, & j'efpere les pouffer beaucoup plus loin avec votre fecours. Je vois que dans les pays où le Commerce eft encouragé, il eft une fource de découvertes utiles, qu'en y établiffant l'amitié, il adoucit les mœurs, il polit les manieres; qu'il apprend aux différentes Nations à fe procurer réciproquement les chofes néceffaires que la nature leur a refufées, par un légitime échange de celles qui leur font fuperflues.

SOROGOUD.

En effet, il n'eft point de pays, point de climat qui n'ait reçu du Ciel quelque préfent particulier; l'Orient abonde en pierres précieufes, & en plantes aromatiques; le nouvel Occident en mines d'or & d'argent; c'eft à l'induftrieux Négociant à recueillir ces diverfes richeffes & à les verfer dans le fein de fa Patrie..... Au refte, j'ai examiné vos comptes, ils font juftes comme à l'ordinaire, & bien tenus Je loue votre exactitude; il faut de l'ordre dans les affaires; fans ce guide on eft toujours inquiet, toujours en danger de broncher. Et

Barnwell, eſt-il prêt à rendre ſes comptes ? Il n'a pas coutume de ſe préſenter le dernier dans ces occaſions.

TRUMAN.

Il m'a paru un peu embarraſſé quand il s'eſt retiré après avoir reçu vos ordres; irai-je lui dire de ſe hâter ? J'eſpere qu'il n'aura point été négligent.

SOROGOUD.

Je m'en vais à la Bourſe, dites-lui de ſe tenir prêt pour mon retour.

SCENE II.

MARIE, (*ſeule, aſſiſe & tenant un Livre.*)

(a) QUE l'amour de la vérité eſt puiſſant ! l'eſprit le plus foible qui en eſt animé, recueilli en lui-même, mépriſe les forces réunies de la terre & de l'enfer. De telles ames ſont élevées au deſſus du ſentiment de la douleur, ou tellement ſoutenues qu'elles n'en ſont

(a) J'ai été bien tenté de retrancher ce pieux Monologue.

point affectées. La conquête du Ciel coûte peu au Martyr, ses souffrances sont légeres, sa récompense est infinie. Il n'en est pas ainsi de ces ames foibles où l'amour est combattu par le devoir; amolies par une douce passion, elles résistent avec peine à leurs propres desirs. Mais qu'est-ce qu'une heure, un jour, une année de peines auprès d'une vie entiere pleine de tourmens?

SCENE III.

MARIE, TRUMAN.

TRUMAN.

O Barnwell! ô mon ami! quelle chûte!

MARIE.

Barnwell! quoi? Parlez. Qu'est-il arrivé à Barnwell?

TRUMAN.

Ah! ce ne peut être un secret. J'ai des nouvelles de lui qui vont pénétrer de douleur tous ceux qui le connoissent, & sur-tout votre généreux pere, & vous-même.

MARIE.

Ciel ! qu'allez-vous m'apprendre ?

TRUMAN.

Je ne puis parler, lisez. *Il lui remet une Lettre.*

MARIE, (*elle lit.*)

» Vous serez sans doute surpris de mon » absence, aussi bien que mon maître ; » & vous le serez bien davantage quand » vous en apprendrez la raison. C'est » que j'ai dissipé une partie de l'argent » qui m'a été confié. Après cet aveu, » il est inutile de vous dire que vous ne » me reverrez plus. Je sais qu'on auroit pu » tout découvrir en examinant mes comp- » tes ; mais pour qu'on s'épargne cette » peine & qu'on cesse d'attendre mon » retour, je vous avertis de la perte en- » tiere du malheureux George Barnwell.

TRUMAN.

Bien malheureux sans doute ! mais comment a-t-il pu se rendre coupable de ce dont il s'accuse ? Ma surprise est égale à ma douleur. Il aimoit la vertu, il avoit l'esprit juste & plus étendu qu'on ne l'a communément à son âge, un caractere de générosité & de candeur, une conduite ſage & conforme à ſes principes, des mœurs douces.

MARIE.

Il charmoit les yeux & le cœur de tous ceux qui l'approchoient.

TRUMAN.

Et il étoit mon ami. Ah! ſa perte m'accable. Barnwell; trop malheureux Barnwell! ſais-tu que je vois la plus belle, la plus heureuſe fille de cette riche Cité s'attendrir ſur ton ſort, & ne pouvoir retenir ſes larmes?

MARIE.

Truman, croyez-vous qu'une ame auſſi délicate que la ſienne, auſſi ſenſible à la honte, puiſſe vivre l'eſclave du vice?

TRUMAN.

Non je ne le croirai jamais. Je le connois; l'action qui vient de lui échapper eſt ſi contraire à ſon penchant naturel, qu'il faut qu'il y ait été entraîné par la néceſſité la plus invincible.

MARIE.

Mais n'y auroit-il aucun moyen de le ſauver?

TRUMAN.

Plût au Ciel qu'il y en eût! mais peude gens ont recouvré leur réputation une fois perdue. Un Marchand ne la recouvre jamais. Et pourrois-je le déterminer à se présenter aux yeux de son maître qu'il a trompé ?

MARIE.

Non sans doute. Aussi voudrois-je que mon pere ne sut rien de tout ce qui s'est passé.

TRUMAN.

Vous voulez ce qui est impossible.

MARIE.

La somme est....

TRUMAN.

Considérable. J'en ai fait ici une note pour la montrer à Monsieur votre pere en lui montrant la lettre.

MARIE.

Et si je vous remettois cette somme, pourriez-vous en disposer de façon que mon pere ne s'apperçût de rien ?

TRUMAN.

Rien ne seroit plus aisé. Mais quel est ce dessein ? Qu'il est bien digne de votre généreuse vertu ! Ah ! c'est le Ciel qui vous l'inspire pour sauver l'honneur & la vie de mon ami.

MARIE.

Ne doutez point que je ne voulusse acheter à beaucoup plus haut prix le plaisir de rendre un tel service ; mais où sera-t-il ? Comment le trouver.

TRUMAN.

Fiez-vous à mes soins ; Je saurai cependant cacher son absence à votre pere, ou lui en donner quelque raison spécieuse qui ne lui permette pas de soupçonner la véritable.

MARIE.

Je tâche d'arracher à l'infamie un jeune homme égaré, qui peut être ramené à la vertu ; je demande au Ciel & à vous, qui êtes les seuls témoins de cette action, si elle a rien de contraire aux bienséances de mon sexe & de mon âge.

TRUMAN.

La Terre vous applaudira, & le Ciel vous récompensera sans doute.

MARIE.

S'il fait réussir mon dessein, je suis récompensée. Mais vous savez que le moindre soupçon, le moindre souffle peut ternir la réputation d'une jeune fille ; ainsi, comme il faut que cette démarche soit un secret pour mon pere & pour le monde, à cause de Barnwell, il faut aussi qu'elle en soit un pour Barnwell à cause de moi.

SCENE IV.

La Scene est dans une autre chambre de la maison de Sorogoud.

LUCIE, BLONT.

LUCIE.

EH bien! Que dis-tu à présent du manege de notre Maîtresse?

BLONT.

J'avoue qu'il m'étonnne. Mais je ne sais si c'est de sa feinte passion que je dois le plus m'étonner, ou de la véritable tendresse de ce pauvre Barnwell. J'appréhende quelquefois que l'ardeur de Milvoud pour l'argent ne fasse ouvrir les yeux au jeune homme; mais il est si jeune, il a si peu d'expérience qu'il est bien facile de lui en imposer.

LUCIE.

C'est son amour qui fait tout cela;

car il faut lui rendre justice, il ne manque pas d'esprit ; mais vous autres hommes, dans ces sortes d'affaires, vous êtes bien plus aisés à tromper que votre vanité ne vous laisse croire. Qu'on me donne le plus habile homme du monde, qui soit aussi amoureux de moi que Barnwell l'est de Milvoud ; je te réponds que j'en aurai bientôt fait une aussi grande dupe que lui.

BLONT.

Et tu en saurois tirer autant d'argent qu'elle ?

LUCIE.

De cela, je n'en voudrois pas répondre. Son adresse à lui faire voler son Maître, & les diverses ruses par où elle l'engage à continuer, m'étonnent moi-même, moi, qui la connois si bien.

BLONT.

Mais après tout, ce qu'il lui donne n'est que le bien de son Maître.

LUCIE.

Vraiment, c'est ce qui fait la difficulté. Si c'étoit le sien propre, ce ne seroit rien du tout : eût-il le monde entier, elle le lui enleveroit d'un coup d'œil. Mais ces jours d'or sont passés ;

il eſt ruiné, il n'y a plus rien à en eſpérer pour elle.

BLONT.

C'eſt à quoi nous nous étions bien attendus.

LUCIE.

Il a été obligé de quitter la maiſon & le ſervice de ſon Maître, quand il a fallu lui rendre ſes comptes; & ſa prudence lui a fait chercher un aſyle, ſais-tu chez qui? Chez Milvoud.

BLONT.

Et comment l'a-t-elle reçu?

LUCIE.

Comme tu peux t'imaginer. Elle a paru étonnée de ſon deſſein, ſurpriſe de ſon impudence, & avec cet air de modeſtie qu'elle ſait prendre, elle a proteſté qu'elle ne l'avoit jamais vu, mais d'un ton ſi vrai, que j'en ai perdu contenance.

BLONT.

Le tour eſt fort, & que diſoit Barnwell?

LUCIE.

Il ſe lamentoit comme un ſot; mais à la fin enragé d'un ſi mauvais traitement, prêt à ſortir, & ſe précipitant vers

vers la porte, il a laiſſé voir un ſac d'argent qu'il avoit apporté de chez ſon Maître, & le dernier ſans doute qu'il en aura.

BLONT.

Et alors Milvoud?

LUCIE.

Milvoud? Elle s'y eſt priſe avec ſon adreſſe ordinaire, ſes menſonges, ſes ruſes, ſautant à ſon cou en riant, pleurant enſuite, & proteſtant que ce n'avoit été qu'un jeu; ſi bien qu'il a fondu en larmes lui-même, a jetté l'argent à ſes pieds, lui jurant qu'il aimeroit mieux mourir que de la croire fauſſe.

BLONT.

Etrange aveuglement!

LUCIE.

Ce que tu vas ouir eſt bien plus étrange. (*a*) Les inquiétudes & les

---

(*a*) Le ſtyle va devenir un peu élevé pour une Servante qui parle. Ce n'eſt pas ma faute, c'eſt celle de l'Auteur Anglois, à qui il me ſemble qu'on peut paſſer ce défaut de convenance en faveur de la force & de la beauté de ce morceau. L'Auteur du *Pour & Contre*, qui fait obſerver que dans cette Piece tout s'exécute aux yeux du Spectateur, n'avoit craintes suivies du raccommodement augmentent l'amour quand il est sincere ; mais elles produisirent chez Barnwell un si prodigieux transport de tendresse, un tel mêlange de joie, de douleur, de plaisir & de peine, que son ame à la fois charmée & comme abymée dans la violence de ses mouvemens, sembloit prête à quitter son sein pour s'aller perdre dans celui de Milvoud. Le voyant dans ce désordre d'esprit, dans ce furieux orage de passions, l'artificieuse, la cruelle Milvoud lui a fait promettre, ... ce que je frémis d'imaginer.

BLONT.

Eh bien ! Quoi ? Je suis dans un étonnement !

LUCIE.

Que sera-ce quand tu apprendras, que c'est d'attenter à la vie de son plus proche parent & de son plus généreux bienfaiteur.

---

pas fait attention à ce récit. Quant à sa réflexion sur l'unité de temps & de lieu négligée par l'Auteur Anglois, on voit assez combien elle est fondée.

BLONT.

Son oncle ! celui dont il parloit ſi ſouvent, dont il vantoit la fortune & l'excellent caractere.

LUCIE.

Le même. Cette inſatiable furie n'a pas plutôt eu recueilli les derniers fruits de la ruine de ce malheureux Barnwell, qu'elle lui a demandé cet horrible ſacrifice ; ſa probité qui n'eſt point ſuſpecte, & les liaiſons de parenté lui donneront bientôt la clef des tréſors de cet honnête homme, dont le ſang doit ſceller cet affreux ſecret, & calmer les craintes de Milvoud.

BLONT.

Eſt-il bien poſſible qu'elle l'ait engagé dans une pareille action ? Il a le cœur honnête, reconnoiſſant, tendre, généreux. Il eſt vrai que l'amour & l'artifice l'ont porté à faire un vol qu'il abhorre ; mais nous ſommes témoins de ſa réſiſtance, & les larmes que lui a coûté ſon crime ſemblent l'effacer, & s'il étoit poſſible, lui en faire une ſorte de mérite.

LUCIE.

Auſſi entra-t-il en fureur au ſeul mot

de meurtre. Ah ! cruelle, lui dit-il, en s'arrachant de ses bras, qui le serroient avec une tendresse perfide ; ah ! monstre vomi de l'enfer pour ma ruine. . . . Elle ne crut pas devoir opposer la rage à la rage, mais affectant une douleur mortelle, elle accusa le sort, elle maudit la malignité de son étoile, qui la forçoit à lui conseiller une action, dont elle n'avoit pas moins d'horreur que lui.... Mais la nécessité ne connoît point de loi, ajoutoit-elle, ni l'amour de bornes ; non, vous ne m'avez jamais aimée véritablement, puisque vous pouvez m'abandonner dans cette extrêmité. Puis se jettant à ses genoux, c'en est fait, disoit-elle, vous me refusez, vous me donnez lieu de douter de votre amour, je ne vous reverrai de ma vie ; non, de ma vie, je le jure . . . . à moins que pour justifier la sincérité de vos sentimens, vous ne me donniez les biens de votre oncle, & que vous ne me les assuriez par sa mort.

BLONT.

Ah Dieux ! Et que répondoit-il ?

LUCIE.

Il demeuroit muet ; mais on lisoit

sur son visage les diverses passions qui l'agitoient. Il levoit les yeux au Ciel, il les rabaissoit sur elle, il pleuroit, il gémissoit, il se frappoit la poitrine. Maudite beauté, s'écria-t-il enfin avec horreur, quelles plus terribles marques d'amour veux-tu donc que je te donne? Ne t'ai-je pas sacrifié ma jeunesse & mon innocence? N'est-ce pas toi qui m'as fait voler mon généreux maître? N'est-ce pas pour toi que je l'ai quitté; que je suis fugitif, méprisé de lui, infame aux yeux de tout le monde? Et ces larmes que je verse, ces nouveaux tourmens que j'éprouve, cette mort anticipée que je souffre, pour qui? Pour qui? ... Mais cette résolution de tuer mon oncle, cette affreuse résolution que je prends; oui, que je prends, disoit-il, en s'arrachant les cheveux, n'est-ce pas encore toi, toi barbare, qui me l'as suggérée?

BLONT.

Que ce recit me touche! tu vois mes pleurs; & n'étoit-elle point émue.

LUCIE.

Emue! oui.... De la joie qu'elle avoit d'avoir réussi.... Elle ne lui a pas donné le temps de se refroidir ; mais elle l'a pressé d'exécuter son dessein à l'heure même ; il vient de sortir ; s'il l'acheve & qu'il échappe, elle est enrichie ; sinon, il n'osera jamais revenir, & l'en voilà honnêtement débarrassée.

BLONT.

Ah ! il est temps que la terre soit délivrée de ce monstre.

LUCIE.

Si nous ne faisons tous nos efforts pour prévenir ce meurtre, nous sommes aussi coupables qu'elle.

BLONT.

Je tremble qu'il ne soit trop tard.

LUCIE.

J'espere qu'il sera encore temps. Sa barbarie me la fait détester. Il y a déjà trop long-temps que nous vivons avec elle. Je ne l'aurois pas cru si méchante, je ne me serois pas crue si méchante moi-même, que je trouve à présent que nous le sommes.

BLONT.

Il est vrai que nous avons été trop long-temps ses complices ; mais il y a quelque chose de si horrible dans le meurtre, que tous les autres crimes ne ſemblent rien en comparaiſon. Je ne voudrois pas avoir la moindre part à celui-ci pour tous les tréſors du monde.

LUCIE.

Ni moi, le Ciel le ſait ; ainſi faiſons tout ce qui dépend de nous pour l'empêcher & pour juſtifier notre innocence. J'imagine un moyen qui me paroît praticable, veux-tu te joindre à moi & que nous allions révéler ce complot ?

BLONT.

De tout mon cœur. Ce ſeroit être meurtrier ſelon la loi & la raiſon, que de ne pas découvrir un pareil deſſein qu'on ſait qui va s'exécuter.

LUCIE.

Viens, ne perdons point de temps ; je te dirai le reſte en chemin.

SCENE V.

La Scene représente des allées d'arbres à quelque distance d'une maison de Campagne.

BARNWELL, (*seul.*)

LE jour s'est tout d'un coup obscurci : c'est le Soleil qui se cache derriere quelque nuée, ou qui a précipité son cours pour n'être pas témoin de l'action qu'on me condamne à commettre. Depuis que je me suis mis en chemin pour exécuter ce détestable complot, je crois sentir à tous momens la terre qui tremble sous mes pieds. Ce ruisseau que je viens de passer, qui forme une cascade naturelle, me sembloit murmurer les tristes sons de meurtre & d'assassinat. L'air, la terre, l'eau me paroissent consternés. Mais je n'en suis point surpris, la chûte d'un honnête homme est un châtiment pour l'univers & la nature en est ébranlée. Justice du Ciel ! qu'avez vous donc résolu de faire de moi ? le frere unique de mon pere, celui qui m'a tenu lieu de pere depuis mon enfance, qui m'a élevé avec une tendresse vraiment paternelle & qui n'a rien aujourd'hui de plus cher que moi, c'est lui que je viens chercher avec la résolution formée de l'assassiner. Mes cheveux se dressent d'horreur. Le coup n'est pas encore frappé. Quoi ! ne renoncerai-je pas à cet affreux dessein ? qui empêche que je ne quitte un lieu.... (*Il fait quelques pas pour s'en aller, & s'arrête aussi-tôt.*) Mais, où irai-je ? O ! misérable, où iras-tu ? La porte de mon maître est fermée pour moi, & sans argent, Milvoud ne veut plus me souffrir, & la vie est un tourment qu'il m'est impossible de supporter sans elle. Elle a pris une si ferme possession de mon cœur, elle y domine si impérieusement.... Ah oui ! voilà la cause de tous mes crimes & de toutes mes peines ; c'est la fievre de mon ame, c'est une rage dans mes desirs.... En vain la nature, la raison, la conscience s'y opposent ; cette furieuse passion renverse tout devant elle & m'entraîne aveuglement au libertinage, au vol & au meurtre. O conscience ! foible guide pour la vertu ! Tu nous fais sentir, lorsque nous nous égarons, mais quel pouvoir as-tu pour nous arrêter dans notre course ? Ah ! je vois mon oncle qui s'avance dans une de ses allées. . . . Il est seul. Déguisons-nous. (*Il tire un masque de sa poche.*) C'est l'heure qu'il prend ordinairement pour faire ses prieres. Hélas ! c'est ainsi que chaque jour il prépare son ame pour le Ciel ; tandis que moi. . . . Mais qu'ai-je à faire désormais avec le Ciel ? Laisse-moi, conscience, point de combat, point de remords ; mon crime a commencé par la débauche, il finira par le sang. (*Il met son masque, tire son pistolet de sa poche, & quitte le Théatre, comme pour s'aller cacher derriere quelqu'arbre.*)

SCENE VI.

L'Oncle de BARNWELL, (*seul.*)

SI j'étois superstitieux, j'appréhenderois quelque danger caché, ou je craindrois une mort prochaine. Je me sens appesanti par une affreuse mélancolie. Mon imagination ne se peint que des fantômes & des images de mort. Je croyois voir à ce moment un pâle ſpectre s'élever de ſon tombeau; il s'emparoit de toute l'attention de mon ame, & la rempliſſoit à la fois de triſteſſe, d'horreur & de pitié. L'impreſſion m'en reſte encore; je ne veux point faire d'effort pour l'éloigner: le ſage ſe prépare à la mort en ſe familiariſant avec ſon idée. Quand on a aſſez de réſolution pour tenir le miroir de près, & qu'on oſe envisager fixement dans l'état de ceux qui ont ceſſé de vivre, celui auquel on doit s'attendre à ſon tour; il n'y a ni paſſion déréglée, ni deſir vicieux qui ne s'évanouiſſe à cette vue. L'ame elle-même oſe à peine ſe mouvoir, le ſang ſe refroidit & marche lentement dans les veines. Tous les ſens ſont en ſilence, immobile d'horreur & de ſaiſiſſement; on eſt déja comme ſemblable aux objets lugubres dont on s'entretient, juſqu'à ce que la curioſité vienne réveiller l'ame & l'exciter à faire des recherches.

SCENE VII.

L'Oncle de BARNWELL.

BARNWELL, *qui reparoît sur le Théatre sans être vu de son oncle, & présente de temps en temps son pistolet, qu'il retire aussi-tôt.*

L'Oncle de BARNWELL.

O Mort ! Etrange & mystérieuse puissance, qui te fais connoître tous les jours par tes effets & qui n'es comprise que de ceux qui les éprouvent, que dirai-je que tu es? Cet esprit si étendu qui embrasse la terre d'une seule pensée, qui la pénétre jusqu'au centre, qui s'éléve de là au-dessus des étoiles & découvre des mondes nouveaux, entreprend en vain de percer les nuages dans lesquels tu t'enveloppes. Il se perd dans ces affreuses ténebres & ne remporte de ses recherches qu'un redoublement d'incertitude & la fatigue d'un travail inutile.

BARNWELL. (*Ayant présenté encore une fois son pistolet, il le jette enfin par terre.*)

Ah! c'est une chose impossible.

L'ONCLE.

Un homme si près de moi armé & masqué!

BARNWELL, (*voyant son oncle tressaillir & porter la main sur son épée, tire un poignard dont il lui perce le sein.*) (*a*)

Il le faut donc, puisqu'il n'y a point d'autre voie.

L'ONCLE *tombant.*

Ah! je suis assassiné. Dieu plein de clémence, écoutez la priere de votre serviteur expirant. Répandez vos plus précieuses bénédictions sur mon cher neveu, pardonnez à mon meurtrier, & recevez mon ame entre vos bras. *Barnwell jette ici son masque, & pénétré des dernieres paroles de son oncle, il se précipite sur son corps & l'embrasse.*

(*a*) Quelle horreur sur la Scene!

BARNWELL.

Oh ! trop généreux mourant ! Saint Martyr, levez vos yeux appesantis & voyez votre neveu dans votre meurtrier. Oh ! ne m'y laissez pas voir tant de bonté, faites plûtôt éclater votre indignation si vous en avez encore la force. O Ciel ! il pleure de compassion pour mon sort. Il me donne des larmes, des larmes pour du sang. Ses derniers soupirs sont pour son assassin. Ah ! parlez, qu'ordonnez-vous ? Prononcez mon pardon & entraînez-moi avec vous dans le tombeau. Il voudroit parler & il ne le peut. Ah ! pourquoi serrez-vous si tendrement cette main meurtriere ? Quoi ! vous voulez m'embrasser. (*Barnwell embrasse son oncle qui soupire & meurt dans ses bras.*) Son ame errante sur ses levres s'est arrêtée pour sceller mon pardon & s'est épuisée dans ce dernier embrassement. C'en est fait, il n'est plus. Oh ! je sens que je vais le suivre. (*Il tombe évanoui sur le corps de son oncle.*)

Malheureux ! Et je vis ! Et je respire encore ! j'infecte l'air de mon souffle impur ! Et cette terre qui frémit sous moi, ne s'ouvre pas pour m'engloutir ! Dieu juste, Dieu miséricordieux, regardez du haut du Ciel qui est votre trône ; regardez cette sainte victime, regardez ce détestable meurtrier ; & si votre vengeance m'épargne, que votre pitié frappe & m'anéantisse. Le meurtre est le plus grands des crimes, le parricide est le plus grand des meurtres, & le parricide le plus atroce, c'est moi qui l'ai commis. Caïn dont le nom est maudit depuis le premier siecle du monde, & le sera jusqu'au dernier, Caïn a tué son frere que le Ciel favorisoit plus que lui. L'exécrable Néron s'est servi d'une main étrangere pour faire mourir sa mere qu'il craignoit, & qu'il commençoit de haïr. Mais moi de ma propre main je viens d'assassiner à la fois un frere, un pere & un ami, qui me chérissoit & qui m'étoit infiniment cher. C'est un forfait qui n'a point d'exemple. Puisse-t-il être le seul & le dernier de cette espece, comme il est le plus abominable de tous ! Ainsi, du fond de l'abyme, le mauvais riche adressoit à Dieu sa priere inutile, quoique charitable. L'insensé qui a perdu son ame, voudroit pouvoir du moins la faire ſervir au ſalut des autres; mais le Ciel refuſe de l'écouter. La cauſe de notre chûte nous eſt connue; mais la regle de l'avenir demeure invariable.

Fin du troiſieme Acte.

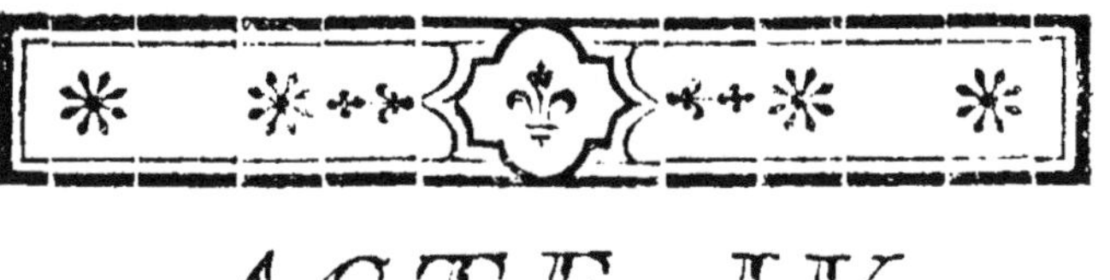

ACTE IV.

SCENE I.

La Scene est dans une chambre de la maison de Sorogoud.

MARIE (*seul.*)

QU'on a tort de juger du fond de notre cœur par le plaisir ou la peine qu'il éprouve ! Le mien est pur, je n'ai à me reprocher que les foiblesses de l'humanité les plus excusables, je n'ai provoqué le Ciel par aucune action criminelle, & il semble qu'il m'ait choisie pour me rendre malheureuse. Veut-il que je m'accuse sans me sentir coupable ? Non, il ne peut le vouloir. Il est donc convenable que l'innocence souffre; car le Ciel est juste dans toutes ses dispositions. C'est peut-être ainsi qu'il nous garantit du vice qui est bien plus à craindre que la douleur ; & peut-être cette douleur que j'ai tant de peine à supporter, est-elle bien moins considérable que le bonheur dont elle est la source pour d'autres. Puissent toutes celles qui me consument te rendre le repos, à toi, cher, ô trop cher objet qui les cause ! Dussé-je avoir à dévorer jusqu'au tombeau les tourmens d'un amour secret, je serois trop heureuse, trop récompensée de racheter à ce prix ta vie, ton honneur & ta félicité.

SCENE II.

MARIE, TRUMAN.

MARIE.

EH bien ! Quelles nouvelles de Barnwell ?

TRUMAN.

Aucunes. Je l'ai cherché avec tout le soin imaginable ; mais inutilement.

MARIE.

Croyez-vous que mon pere soupçonne la cause de son absence ?

TRUMAN.

La cause ? Non, il ne la soupçonnera jamais ; je l'ai satisfait sur tout : mais il ne peut ignorer plus long-temps cette absence. Il semble se prêter aux excuses que l'amitié m'inspire pour Barnwell ; mais il est pénétrant & je ne pense pas qu'il y soit trompé.

MARIE.

Faut-il que ce malheureux jeune homme rompe toutes les mesures que nous prenons pour le servir ? Cependant, je ne me repens point de ce que j'ai fait. S'il revient, j'aurai facilité sa réconciliation avec mon pere, & je l'aurai mis à l'abri des reproches du monde, qui est méchant & qui ne pardonne rien.

SCENE III.

MARIE, TRUMAN, SOROGOUD, LUCIE.

SOROGOUD.

CETTE femme vient de me faire un triste rapport sur Barnwell, & qui n'est que trop probable à quelques circonstances près.

LUCIE.

Je suis fâchée, Monsieur, que ma

franchise & l'aveu que je vous ai fait de ma conduite passée vous rendent ma sincérité suspecte dans cette occasion.

SOROGOUD, (*à Lucie.*)

Elle ne m'est point suspecte. Votre aveu a toute l'apparence de la vérité. (*à Marie & à Truman.*) Elle m'assure que Barnwell s'est laissé engager à tromper ma confiance, & qu'il a détourné à diverses reprises des sommes considérables. Je suis sûr que cela n'est point. Que ne puis-je aussi bien douter de tout le reste de son affreux récit !

MARIE.

Ah ! Monsieur, je me trouve indisposée ; souffrez que je me retire. (*à part.*) Le Ciel fait échouer tout ce qu'on entreprend pour le sauver. Oh ! malheureux Barnwell ! malheureuse Marie !

SCENE IV.

SOROGOUD, TRUMAN, LUCIE.

SOROGOUD.

JE suis accablé de toutes parts. D'un côté, la compassion pour ce malheureux jeune homme ; de l'autre, la crainte pour les jours de mon digne ami ; & ma chere fille , l'unique joie, la ſeule eſpérance de ma vieilleſſe ! Je vois ſa mélancolie augmenter à chaque moment , & je tremble pour ſa vie. O mon cher Truman ! cette perſonne vient m'apprendre que votre ami à l'inſtigation d'une femme parricide eſt allé voler & aſſaſſiner ſon oncle.

TRUMAN.

Quel deſſein ! de quelle horreur je ſuis ſaiſi !

LUCIE.

Penſez-vous que ce délai eſt un coup mortel ?

SOROGOUD, (*à Lucie.*)

Je ne ſais ni que faire , ni que penſer. (*à Truman.*) Il eſt faux qu il m'ait fait aucun tort juſqu'à préſent ; le reſte peut l'être auſſi ; voilà toute mon eſpérance.

TRUMAN.

Ne vous fiez pas à cette penſée. Suppoſez plutôt que tout eſt vrai , que de perdre un moment à délibérer. Peut-être en cet inſtant commet-il le crime ; affreuſe idée! Peut-être, hélas! cherchons-nous à détourner le coup qu'il a déjà frappé.

SOROGOUD.

Cet empressement me prouve qu'il ne m'avoit pas découvert tout ce qu'il savoit. Quelqu'un? Qui est là? (*un Laquais entre*) *au Laquais.* Dites au Palefrenier de seller son meilleur cheval, & de se préparer à partir sur le champ; il s'agit de l'affaire la plus pressée & la plus intéressante. (*Le Laquais sort.*) *à Lucie.* Je n'ai pas le temps de vous remercier comme vous le méritez; mais j'ai encore besoin de votre secours; retournez chez Milvoud, & observez-la bien jusqu'à ce que j'arrive; j'ai son adresse; je vous suis le plutôt qu'il m'est possible. (*Lucie sort.*) *à Truman.* Vous Truman, je compte bien sur toute votre activité dans ces précieux momens.

TRUMAN.

Il faut être ami pour pouvoir imaginer ce que je souffre.

SCENE V.

La Scene est chez Milvoud.

MILVOUD, (*seule.*)

QUE j'ai d'impatience de savoir

le ſuccès de ſon entrepriſe ! s'il l'a tentée & qu'il n'ait point réuſſi, c'eſt un homme perdu, ... Eh bien, qu'y auroit-il à craindre pour moi ? Je ſuis d'une timidité ridicule .... Cependant, s'il n'a fait que tenter inutilement, il pourroit bien arriver qu'on lui fît grace en faveur de ſa jeuneſſe, & que toute la vengeance retombât ſur moi. J'aurois dû faire cette reflexion plutôt... Mais ſuppoſons l'action commiſe ; alors, mais alors ſeulement, je me vois tout à fait hors de danger. Que ſeroit-ce auſſi s'il avoit la lâcheté de revenir ſans avoir rien entrepris ?

SCENE VI.

MILVOUD, BARNWELL.

MILVOUD.

AH ! le voici. Je lui faiſois tort. Ses mains ſanglantes montrent qu'il a fait le coup, mais qu'il manque de prudence pour le cacher.

BARNWELL, (*d'un air effrayé.*)

Où me cacherai-je ? Où fuirai-je pour éviter les pourſuites de la Juſtice ?

MILVOUD.

Soyez ſans crainte. Quand il y auroit mille perſonnes à vous chercher, dès que vous êtes ici, vous êtes en ſûreté comme l'innocence même. J'ai dans cette maiſon un ſouterrain ſi adroitement ménagé, que je défie la jalouſie & la vengeance d'en trouver jamais l'entrée. Je vous y cacherai, ſi j'apperçois quelque danger.

BARNWELL.

Oh! cachez-moi, s'il eſt poſſible, à moi-même; car, tant que je porterai ma conſcience avec moi, il n'y a ni ſouterrain, ni obſcurité qui puiſſe me mettre à couvert. Ah! ce Juge intérieur & inéxorable a déjà prononcé ma ſentence, il m'a condamné à des tourmens qui ne finiront jamais. Ne voyez vous pas mes mains toutes rouges du ſang de mon cher oncle? une ſtatue en frémiroit d'horreur, & l'homme le plus dur ſe changeroit en ſtatue.

MILVOUD.

(a) Je en vous croyois pas ſi ridicu-

(a) L'Auteur a pris ſoin de mettre par tout en contraſte les remords de Barnwell, avec l'intrépide ſcélérateſſe de Milvoud.

le. Quoi ! il ſemble que vous ſoyez effrayé de votre ombre, ou que vous le ſoyez de votre conſcience qui eſt encore moins qu'une ombre ?

BARNWELL.

Hélas, quoique la déteſtable action que j'ai commiſe ſoit ignorée des hommes, comment puis-je me dérober aux yeux du Ciel ?

MILVOUD.

Finiſſez toutes ces miſeres. Voyons, quel avantage avez-vous tiré de ſa mort ? Quel fruit en eſpérez-vous ? Vous êtes-vous aſſuré des clefs du tréſor ? il les avoit ſans doute ſur lui. Combien d'or, quels joyaux ; en un mot, que m'apportez-vous ?

BARNWELL.

Ah ! Pouvez-vous croire que j'aie ajouté le ſacrilége au parricide. Si vous aviez vu ſa vie ſortir avec les flots de ſon ſang, ſi vous l'aviez entendu prier pour moi ſous le double nom de neveu & de meurtrier (hélas ! il ne ſavoit pas que ſon meurtrier fût ſon neveu,) vous auriez ſouhaité comme moi de pouvoir donner mille vies pour prolonger d'un moment la ſienne. Mais l'ayant vu expirer, j'ai détourné les yeux de l'objet de mon crime, j'ai pris la fuite, & pour l'empire du monde, je n'aurois pas voulu profaner ce corps ſacré par un vol.

MILVOUD.

Sot, miſérable & lâche frippon. Quoi? avoir aſſaſſiné ton oncle, lui avoir volé la vie, qui eſt le plus cher & le plus précieux don de la nature, après la perte duquel il n'y a plus d'injure à recevoir; & craindre après cela de lui prendre ce qui ne peut lui être utile à rien, & m'apporter pour tout fruit ton crime & ta miſere. Et crois-tu que je veuille haſarder ma réputation, que je veuille riſquer ma vie pour prendre ſoin de la tienne?

BARNWELL.

O Milvoud! . . . . Eſt-ce ainſi que vous me traitez? Mais c'en eſt fait; ſi vous me haïſſez, ſi vous ſouhaitez ma mort, vous ſerez ſatisfait, je ſens que ma douleur va bientôt vous délivrer de moi.

MILVOUD.

Dans ſa folie il va tout découvrir & m'entraîner dans ſa ruine. Nous ſommes au bord d'un précipice d'où il eſt impoſſible de nous ſauver tous deux .... Pour me tirer d'affaire.... (*elle rêve.*) Il n'y a point d'autre ressource.... J'avoue que cela est horrible.... Mais la réflexion vient trop tard quand le péril est pressant..... Et puis je n'ai point à choisir..... Oui, oui, ne balançons point. (*Elle sonne une sonnette, un Valet entre.*) Faites-moi venir la Justice & qu'on me saisisse ce malheureux. Il vient de me confesser qu'il a commis un meurtre. Si je le laissois échapper, on me croiroit aussi méchante que lui. (*Le Valet sort.*)

BARNWELL.

O Milvoud ! non ; cela n'est pas possible, vous ne le voulez pas ; vous ne sauriez le vouloir. Arrêtez donc ce messager ; hâtez-vous de le rappeller. Je vous en conjure à genoux. Il est juste que je meure, mais non pas par vos mains. Je vais me livrer de ce pas à la Justice. Oui, j'y vais ; car la mort est tout ce que je desire : mais une telle ingratitude me déchire jusqu'au fond de l'ame. (*Il verse des larmes.*) Oh ! elle est pire mille fois à supporter que la mort, pire que les plus cruelles tortures.

MILVOUD.

Donne-lui le nom que tu voudras ; je veux vivre & vivre tranquille. Il n'y a que la mort qui puisse me mettre en sûreté.

BARNWELL.

Vous y êtes sans doute, s'il y a un dégré de scélératesse où l'on soit hors des atteintes de la vengeance. Mais que me reste-t-il à attendre, qu'un cachot, des fers, une funeste sentence, la mort, l'infamie & la juste exécration de l'univers. Un cadavre suspendu entre le Ciel & la Terre! Affreux spectacle! Terrible leçon pour le Spectateur! mais, n'importe; je pourrois soutenir toutes ces horreurs, je ne chercherois point à éviter de si rudes coups, si c'étoit toute autre main que la vôtre qui me les portât.

SCENE VII.

MILVOUD, BARNWELL, BLONT.

Un Exempt, des Archers.

MILVOUD.

O Ciel! ma maison l'asyle d'un assassin! Venez, Monsieur, assurez-vous de ce jeune homme, je l'accuse d'un meurtre, & je me présenterai en Justice pour soutenir mon accusation. (*on le saisit.*)

BARNWELL.

Qu'ai-je à dire & de quoi me plaindre? l'accuserai-je à mon tour? Non : je respecte le doigt de Dieu marqué dans la punition du libertinage & du parricide. Mais ce Ciel qui me punit, la laisse vivre, peut-être pour en châtier d'autres par elle. C'est ainsi que sa clémence redoutable laissa l'immortalité aux démons, pour en faire les exécuteurs de sa vengeance. (*a*)

(*a*) Le Sermon suivant, qui sent un peu la potence, sera plus aisé à sauter en notes que dans le texte.

» Jeunes gens, qui voyez mon désespoir, » qu'il vous apprenne à ne chercher que des » plaisirs honnêtes & à fuir le commerce de » ces femmes impudiques, dont la perfidie est » égale à la beauté. Celle qui a l'honneur & » la vertu pour guides, fidelle à ses véritables intérêts, le sera toujours aux vôtres. » Malheureux, qui apprend trop tard à se » conduire! Venez acquérir de la sagesse à » mes dépens, & n'attendez pas que vous » ayez perdu votre innocence, votre réputation & votre vie. »

SCENE VIII.

MILVOUD, BLONT.

MILVOUD.

OU eſt Lucie ? Pourquoi eſt-elle abſente en ce moment ?

BLONT.

Que ne l'ai-je été auſſi ! Lucie va paroître, & pour ta confuſion, Démon ſorti de l'enfer !

MILVOUD.

Inſolent, eſt-ce à moi que tu parles ?

BLONT.

A toi-même. Le propre du Démon eſt de livrer au ſupplice ceux qu'il vient d'engager dans le crime.

SCENE IX.

MILVOUD.

ILs déſapprouvent ma conduite, & cherchent à s'établir ſur mes ruines...

Oui, ma ruine eſt réſolue. Je vois mon danger; mais je le mépriſe autant que ceux qui en ſont les auteurs. Je ne ſuis pas faite pour tomber ſous d'auſſi foibles inſtrumens. (*Elle ſortoit.*)

SCENE X.

MILVOUD, SOROGOUD.

SOROGOUD.

OU eſt-elle cette femme, la honte de ſon ſexe & le fléau du nôtre?

MILVOUD.

Que veut dire cette inſolence? Qui cherchez-vous?

SOROGOUD.

Milvoud.

MILVOUD.

Eh bien, vous l'avez trouvée. Je ſuis Milvoud.

SOROGOUD.

Vous êtes donc la plus exécrable femme que jamais le jour ait éclairée.

MILVOUD.

Votre phyſionomie eſt trompeuſe; elle annonçoit plus de ſageſſe & de modération. Mais qu'avez-vous à faire ici ? Je ne vous connois point.

SOROGOUD.

Vous apprendrez bientôt à me connoître. Je suis le maître de Barnwell.

MILVOUD.

Vous êtes le maître d'un misérable qui ne vous fait pas beaucoup d'honneur.

SOROGOUD.

Je n'aurois pas eu à rougir de m'avouer son maître sans vos infâmes artifices.

MILVOUD.

Mes artifices ! Je ne vous entends point, Monsieur. S'il a fait une faute, que m'importe ? Etoit-il sous ma conduite, ou sous la vôtre ? Que ne lui donniez-vous de meilleures leçons ?

SOROGOUD.

Je ne m'étonne point de votre impudence, elle est au dégré de votre méchanceté. Mais crois-tu, détestable enchanteresse, crois-tu que j'en ignore aucun de ces artifices que tu as employés contre son innocence ? Je sais tous les pas que tu lui as fait faire, je sais par quels chemins tu l'as entraîné malgré lui de crime en crime jusqu'au plus horrible de tous, que tu as imaginé & que tu l'as forcé de commettre.

MILVOUD, (*à part.*)

Ah ! Lucie a pris les devans ; si je ne trouve le moyen de tourner l'accusation contre elle & Blont, je suis perdue.

SOROGOUD.

J'aurois prévenu ton cruel dessein si je l'avois sçu plutôt. Faut-il qu'il ne me reste qu'à t'en voir punie comme tu le mérites ? Triste satisfaction ! Hélas ! je verrai punir en même temps le malheureux Barnwell, qui est innocent en comparaison de toi. Mais si les hommes ne peuvent juger que sur les actions extérieures, il est un Juge au Ciel qui lit dans les cœurs, & qui saura faire la différence de la fragilité à la présomption.

MILVOUD.

Je vois, Monsieur, que nous sommes également malheureux l'un & l'autre dans nos domestiques. J'ai d'abord été étonnée du mauvais traitement que me faisoit une personne si sage à l'apparence, & peut-être y ai-je répondu avec trop de vivacité. Je vous en demande pardon. Je m'apperçois à présent qu'on vous en a imposé jusqu'à vous persuader que j'avois eu des liaisons avec ce jeune homme qui avoient été la cause ou l'occasion de sa perte.

SOROGOUD.

Oui, perfide, je t'accuse d'être la cause de tous ses crimes & de tous ses malheurs, de tous les tourmens qu'il souffre & qu'il a à souffrir jusqu'à ce qu'une mort affreuse vienne les terminer.

MILVOUD.

C'est une chose étrange. Mais qui peut se mettre à l'abri de la calomnie? Je vous assure, Monsieur, que bien loin d'avoir contribué à sa ruine, je ne lui ai parlé de ma vie que depuis ce fatal accident dont je suis aussi touchée que vous. Il est vrai que j'ai une femme qui me sert, à qui depuis quelque temps il a fait de fréquentes visites dans ma maison; si elle a trompé la bonne opinion que j'avois d'elle, est-ce ma faute? Et n'est-ce pas ce qui vous arrive avec Barnwell?

SOROGOUD.

Je vous entends, poursuivez.

MILVOUD.

J'ai appris qu'ils avoient l'un pour l'autre une passion violente, mais je l'ai crue innocente jusqu'à présent. Ce que je ſais, c'eſt que Lucie eſt pauvre & qu'elle aime le plaiſir & la dépenſe; ainſi pour fournir à ſes folies, elle pourroit bien avoir engagé Barnwell à commettre ce meurtre..... Oui, il faut que cela ſoit.... Je me rappelle en ce moment mille circonſtances qui me confirment dans cette penſée. Je vais ſur le champ la faire arrêter elle & mon valet, que je ſoupçonne d'être ſon complice. J'eſpere, Monſieur, que ſans vous arrêter aux fauſſes impreſſions qu'on vous a données de ma conduite, vous vous joindrez à moi pour faire punir les véritables auteurs de cette ſanglante action. (*Elle veut ſortir.*)

SOROGOUD.

Non, vous ne ſortirez point, je vois votre deſſein, & je ſaurai les protéger contre votre méchanceté.

MILVOUD.

Vous voudriez employer votre crédit en faveur de ces miſérables? Sentez-vous bien, Monſieur, toute l'horreur d'une pareille ſéduction? Engager un foible jeune homme dans un crime auſſi énorme!

SOROGOUD.

Et le trahir après le lui avoir fait commettre !

MILVOUD.

Ce que vous appellez le trahir peut vous convaincre de mon innocence. Celle qui l'aime & qui lui a persuadé ce meurtre, ne l'auroit pas livré à la Justice comme je viens de faire, tant j'ai été frappée de l'atrocité de son crime.

SOROGOUD, (*à part.*)

Comment un jeune homme sans expérience pourroit-il échapper à ses piéges ? Les funestes charmes de son esprit & de sa figure seroient capables de séduire la sagesse même ; & de percer les glaces de l'âge le plus avancé. Moi qui suis venu ici avec le plus juste préjugé, dans la conviction la plus ferme, je me suis senti ébranlé par cette fable artificieuse qu'elle vient de me faire. (*A elle.*) Ceux que vous accusez avec tant d'adresse, vous savez qu'ils sont vos accusateurs, & la preuve incontestable de leur innocence & de votre crime, c'est qu'ils vous ont accusée avant que l'action fût commise, & qu'ils ont fait tout ce qu'ils ont pu pour la prévenir.

MILVOUD.

Vous êtes difficile à persuader. Mais j'ai une preuve d'une force à faire taire toutes vos objections.

SCENE XI.

SOROGOUD, LUCIE. TRUMAN, BLONT.

LUCIE, *aux Officiers de Justice.*

PLacez-vous, Messieurs, les uns d'un côté de cette porte, les autres de l'autre, & prenez bien garde quand elle entrera. (*A Sorogoud.*) Ici, Monsieur, observez bien tous ses mouvemens. Je l'ai vue ; vous l'avez poussée à bout, elle a pris quelque résolution désespérée ; je crois la deviner.

SCENE XII.

Les Acteurs de la Scene précédente.

MILVOUD.

Un pistolet à la main, qu'elle cache, & que Truman saisit.

TRUMAN.

ARrête, femme cruelle & perfide; c'est ici que finit ton pouvoir de faire du mal.

MILVOUD.

Est-ce à toi de me donner de tels noms, misérable hypocrite?

TRUMAN.

J'ai tort; c'est deshonorer ton sexe que de t'appeller femme, Démon que tu es.

MILVOUD.

Ce vain phantôme est ton véritable portrait; c'est le miroir où chaque homme peut voir sa ressemblance & celle de tout son sexe.

SOROGOUD.

En exagérant nos vices, crois-tu diminuer les tiens; celui ſurtout d'avoir abuſé de tant de rares qualités d'eſprit & de corps, dont la nature t'avoit douée?

MILVOUD.

Ces rares qualités que tu me reproches, c'eſt ton ſexe qui me les a fait perdre; c'eſt lui qui ne m'en a laiſſé connoître le prix qu'après m'en avoir dépouillée. Ils ſont venus l'un après l'autre m'offrir leurs tendres & barbares ſoins. Quel fruit en ai-je recueilli? La honte & la miſere. Mais je hais la dépendance & le mépris. J'ai vu que les richeſſes, de quelque façon qu'elles fuſſent acquiſes, mettoient les plus méchans d'entre vous à l'abri de l'un & de l'autre. J'ai donc voulu être riche, & pour le devenir j'ai tout employé. Vous condamnez mes artifices; & vous avez raiſon; mais c'eſt vous qui me les avez donnés, ils ſont tels que je les ai pris dans le commerce que j'ai eu avec vous.

SOROGOUD.

Tu as donc vêcu ſans doute avec les plus ſcélérats des hommes ?

MILVOUD.

J'en ai vu de tous les rangs & de tous les états ; je n'ai trouvé entr'eux de différence que dans les degrés de pouvoir. Ils ſont tous auſſi méchans qu'ils ont de pouvoir pour l'être. (*a*) Ces Magiſtrats ſubalternes, qui ne vivent que de réputations ruinées, comme les peuples de Cornouaille vivent de naufrages, m'ont appris à mériter leur protection, en rejettant mes crimes ſur l'innocence. Il faut, pour affoiblir le ſcandale, cacher le coupable dans la foule des accuſés. La calomnie, comme la nuit & la mort, noircit tous les objets & détruit toutes les diſtinctions. Voilà les leçons de ces ames vénales,

(*a*) Je ſupprime en cet endroit une déclamation auſſi choquante que déplacée contre les Eccléſiaſtiques, les hommes en général, les loix & la religion.

de ces mépriſables Juges qui ne favoriſent que ceux qu'ils ſont obligés de punir par le ſerment de leur Charge; devant qui le plus grand des crimes eſt de n'en avoir point commis ; & la premiere des vertus, le ſoin d'acheter leur appui à force de ſecrettes largeſſes.

SOROGOUD.

Ta conduite montre aſſez le mépris que tu fais des Loix ; il n'eſt pas étonnant que tu n'en puiſſe ſouffrir les Miniſtres.

MILVOUD.

Je vous connois, & je vous déteſte tous. Vous puniſſez dans les autres ce que vous faites vous-mêmes, ou ce que vous auriez fait comme eux en pareil cas. Vous condamnez le pauvre qui a volé, vous qui auriez été voleurs ſi vous aviez été pauvres. Ainſi, toujours trompeurs & toujours trompés, vous vous tourmentez, vous vous détruiſez les uns les autres. Mais, c'eſt ſur-tout des femmes que vous aimez à faire votre proie. Ce ſont elles ſur-tout que vous cherchez à détruire, elles par qui vous êtes, elles qui font la source de tous vos plaisirs; vous employez mille moyens pour les perdre, & les blâmez ensuite d'oser tourner contre vous cet art perfide que vous leur avez appris. Oh! puissent désormais toutes celles que votre barbarie aura dépouillées du beau titre de Vierge, en tirer un plus noble de leur vengeance, & devenir autant de Milvouds pour votre ruine.

Fin du Quatrieme Acte.

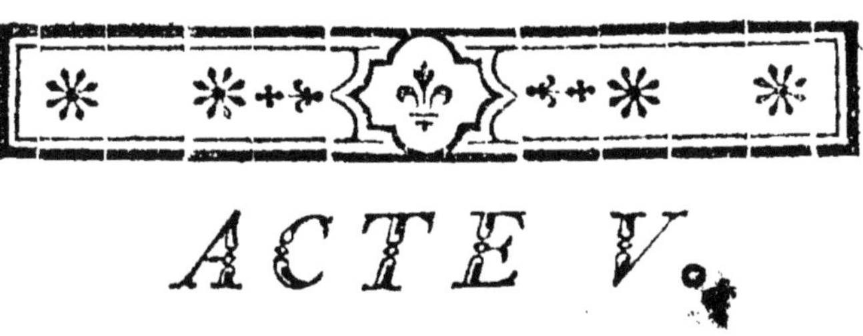

ACTE V.

SCENE PREMIERE.

La Scene est dans la Prison.

SOROGOUD, BLONT, LUCIE.

SOROGOUD.

J'AI recommandé Barnwell à un sage Ecclésiastique de mes amis, j'aurois fait la même chose pour Milvoud, si cette malheureuse femme, toujours obstinée dans le crime, ne refusoit tous les secours de cette espéce.

LUCIE.

Je reconnois bien votre caractere à ces pieuses attentions pour les malheureux : mais pardonnez, Monsieur, si je m'étonne que vous n'ayez point assisté au procès.

Je savois qu'il étoit impossible de sauver Barnwell, & je prends tant de part à son malheur, que cette vue n'auroit fait qu'irriter ma douleur & même la sienne.

BLONT.

Sa jeunesse, sa consternation, son humble contenance, ont arraché des pleurs à tous ceux qui l'ont vu passer. Lorsqu'il a paru à la barre devant les Juges, si vous aviez entendu sa confession interrompue par ses larmes & par ses soupirs... il exageroit ses fautes, sans accuser, sans dire un seul mot de Milvoud, qui paroissoit tranquille à ses côtés, qui promenoit ses regards intrépides sur cette respectable Assemblée, qu'elle voyoit fondre en larmes, & dont elle sembloit braver l'autorité & dédaigner la compassion. Quand on l'a interrogée, elle a répondu avec fermeté, elle s'est défendue avec adresse, elle se reclamoit hautement de son innocence; mais quand elle a vu que ses efforts étoient inutiles, & que tous ses Juges se réunissoient contre elle. Oh! c'est alors que vous l'eussiez entendu maudire ses Juges ; nous, Barnwell, elle-même, & toute la nature. Mais que servoient ses imprécations? La Sentence étoit prononcée, & c'est aujourd'hui qu'elle s'exécute.

SOROGOUD.

L'heure approche. Je vais voir Barnwell, tandis que vous allez parler à Milvoud.

LUCIE.

Je tremble d'y penser. Elle est fiere, impatiente, colere, implacable : servir d'instrumens à sa ruine, rougir de sa honte, compâtir à tous ses maux, voilà le tribut que nous devons à la complaisance criminelle que nous avons eue jusqu'ici pour sa méchanceté.

SOROGOUD.

Vous êtes bienheureux que cette complaisance ne vous ait pas menés plus loin. Je sais que vous n'avez agi contre votre maîtresse ni par intérêt, ni par malignité, ni par ressentiment, mais uniquement par la juste horreur que vous ont inspiré ses crimes. Il faut soutenir le courage des prosélites à la vertu : continué à vous bien conduire, & regardez-moi désormais comme votre ami.

LUCIE.

C'eſt un bonheur auſſi peu attendu que peu mérité. Mais le Ciel qui vient d'empêcher notre chûte, ſe ſert de vous ſans doute pour nous affermir dans le bon chemin.

SOROGOUD.

Vous avez raiſon d'adreſſer au Ciel votre reconnoiſſance. Combien de gens, avec des diſpoſitions moins vertueuſes que celles de Barnwell, ne ſont point tombés dans les mêmes crimes? C'eſt à la providence qu'ils en ſont redevables. Ne jugeons point de Barnwell avec trop de rigueur; ſes fautes ſont grandes; mais la tentation étoit violente. Que ſa chûte nous inſpire l'humanité, la circonſpection & la défiance de nous-mêmes. Nous ſommes étonnés de ſon ſort; peut-être aurions-nous ſuccombé comme lui, ſi nous avions été mis à la même épreuve.

SCENE II.

On voit le Cachot où est Barnwell, une Table & une Lampe.

SOROGOUD, BARNWELL.

SOROGOUD, (*à quelque distance de Barnwell qu'il trouve lisant.*)

De cruelles réflexions, le repentir, les larmes ; voilà les fruits des passions & de la débauche.

BARNWELL.

Oh ! mon maître que j'honore & que j'ai trompé, dont la bonté m'a tant de fois couvert de confusion, pardonnez-moi ce manque de respect, je ne vous voyois pas.

SOROGOUD.

Laissez ces soins ; vous étiez plus utilement occupé de vos réflexions sur vous-même. Le voyage que vous avez à faire est long ; le temps qu'on vous donne pour vous y préparer est presqu'écoulé ; je vous ai envoyé un Ecclésiastique pour vous aider à le mettre à profit ; en avez-vous tiré quelque secours ?

BARNWELL.

La vérité, qu'il m'a recommandé d'avoir pour compagne assidue dans cette triste retraite, écarte enfin les doutes qui m'accabloient. J'ai appris à connoître l'étendue immense de la miséricorde divine ; je sais que mes crimes, tout énormes qu'ils sont, ne sont pas irrémissibles, qu'il n'est pas moins de mon devoir que de mon intérêt d'espérer, & même de me réjouir dans cette espérance ; qu'ainsi mon exemple tournera à la gloire du Ciel & à l'avantage de ceux qui auront à imiter ma pénitence.

SOROGOUD.

Courage ! Barnwell.

BARNWELL.

C'est quelque chose de bien admirable ! les paroles de la vérité sont le charme du désespoir ; l'idée de la miséricorde céleste a le pouvoir de rétablir la paix dans la conscience d'un meurtrier. Comment vous peindre l'état de mon ame ? J'espere & je crains, je tremble & je me réjouis, & je sens croître ma douleur avec mes espérances ; la joie & la

reconnoissance

reconnoiſſance me font verſer plus de larmes que toutes les horreurs du déſeſpoir ne m'en ont arrachées.

SOROGOUD.

Voilà le caractere de la vraie pénitence, le vrai chemin qui conduit à la paix éternelle. Quelle joie de voir une ame bien préparée pour le Ciel! c'eſt pour goûter cette joie que le Miniſtre de l'Evangile conſacre ſes jours à la méditation, à la lecture des Livres Saints, à la pénible recherche de la vérité, à l'abſtinence & à la priere. Il renonce aux plaiſirs des ſens, il meurt chaque jour pour faire vivre éternellement les autres. Que l'éclat des richeſſes, que le faſte des grandeurs doivent ſembler mépriſables aux yeux de celui dont l'ambition s'éleve juſqu'à ne vouloir que ſervir les hommes, & qui ne connoît de tréſors que les ames qu'il ſauve! s'il en préſerve une ſeule de l'erreur, s'il en peut ramener une de ſes égaremens, il jouit du bonheur qu'il procure, il eſt trop récompenſé de tous ſes travaux.

BARNWELL.

Que ne vous dois-je point pour ces généreux ſecours que vous avez daigné me fournir? Il n'y a que le Ciel qui puisse reconnoître tant de bontés.

SOROGOUD.

Que j'aime à vous voir dans les dispositions où vous êtes. Je goûte une joie inexprimable. Adieu. Que le Ciel vous donne de nouvelles forces ! adieu.

BARNWELL.

O mon maître ! J'aurois quelque chose à dire, si mon cœur osoit se soulager.

SOROGOUD.

Dites, dites.

BARNWELL.

J'avois un ami, ... hélas ! J'étois indigne de l'avoir.... Mais peut-être votre exemple pourra-t-il l'engager... Ne pourrois-je point le voir encore une fois avant que de mourir ?

SOROGOUD, (*à Barnwell.*)

Il va venir ; il est toujours votre ami, (*à part.*) Je ne veux point l'accabler par avance ; il ne verra que trop tôt les tristes effets de son malheur. Je succombe moi-même sous le poids de tant de chagrins domestiques. Il faut que je me retire pour m'abandonner à ma foiblesse qu'il m'est impossible de surmonter, (*à*

Barnwell.) Cher Barnwell, cher & trop malheureux jeune homme, adieu. Que le Ciel vous console! adieu pour jamais.

BARNWELL.

O! le meilleur des maîtres.... Le meilleur des hommes.... Adieu, priez pour moi pendant que je vis encore.

SOROGOUD.

N'en doutez point; je vais prier pour vous.... Si vous avez fait votre paix avec le Ciel, la mort est déjà vaincue; supportez encore quelques momens les peines de cette vie passagere, & soyez heureux pour jamais.

SCENE III.

BARNWELL, (*seul.*)

OUI, j'espere que je le serai. Je sens au dedans de moi une force victorieuse qui éleve mon ame au dessus des frayeurs de la mort, & qui malgré l'idée toujours présente de mon crime & de ma honte, me donne un avant-goût d'une joie immortelle.

SCENE IV.

BARNWELL, TRUMAN.

Le Concierge de la Prison.

LE CONCIERGE, (*à Truman.*)

LE voilà. (*Le Concierge s'en va.*)

BARNWELL.

Truman! . . . . Mon ami que j'ai tant ſouhaité de voir . . . . Le voici donc, & je n'oſe lever les yeux ſur lui. (*Il pleure.*)

TRUMAN.

O Barnwell! Barnwell!

BARNWELL.

Ciel, ſoutenez-moi. J'étois prêt pour la mort ; mais non pas pour cette entrevue.

TRUMAN.

Que n'ai-je point ſouffert depuis que je ne t'ai vu? Quel tourment ton abſence m'a cauſé! Mais lorſque je te vois dans cet état . . . .

BARNWELL.

Je ſais qu'il eſt affreux, je ſens tout ce que ſouffre en ce moment ton ame généreuse.... Ah j'étois né pour faire mourir tous ceux qui m'aiment. (*Ils pleurent tous deux.*)

TRUMAN.

Je ne suis point venu te faire des reproches. Je croyois t'apporter des consolations.... Mais je me trompois; je n'en ai point à te donner... Je suis venu pour partager ta douleur, & je ne puis supporter la mienne.

BARNWELL.

Tu ne connois pas la douleur de mes remords; une ame, pure comme la tienne, ne peut en avoir l'idée; du reste, ces remords sont la seule peine que j'endure avec ce que je souffre pour toi. Ton affliction me dit que tu m'aimes encore; mais quand je pense à ce que je suis, je ne puis comprendre ton amitié.

TRUMAN.

Ne parlons plus de tes égaremens. Je ne veux songer qu'à tes vertus, à la tendresse de ton amitié, au bonheur de notre vie passée.... & à nos malheurs présens. Ah! j'aurois pu les prévenir, si tu avois eu assez de confiance en moi au moment qu'ils alloient commencer.

BARNWELL.

Oui, j'ai trahi l'amitié, c'eſt le premier & le moindre de mes crimes. Tu ne ſais pas à quel point ce cœur étoit corrompu. J'étois tellement abymé dans le déſordre, tellement abandonné à cette barbare enchantereſſe, que ſi elle m'eût ordonné.... j'en fremis.... Si elle m'eût abſolument ordonné de t'aſſaſſiner.... Je crois que j'aurois été capable de lui obéir.

TRUMAN.

Ceſſe, ceſſe d'exagérer tes fautes.

BARNWELL.

Oui, je crois que je l'aurois fait. Toi, la bonté, la généroſité même, je t'aurois aſſaſſiné.

TRUMAN.

Nous ne nous ſommes point encore embraſſés, & l'on peut nous interrompre; vien, dans mes bras.

BARNWELL.

Non, non, je ne ſuis pas digne de goûter cette conſolation; laiſſe-moi me livrer tout entier à mes remords. Tes bras innocens, ton vertueux ſein ſeroient-ils faits pour me recevoir? Non, c'eſt à ces chaînes de fer à m'embraſſer, à ces pierres à me ſoutenir. (*Il ſe jette par terre.*) Elles ſont encore trop douces pour un monſtre tel que moi.

TRUMAN.

La fortune pourroit-elle ſéparer ceux que l'amitié a unis? Va, jamais tes miſeres ne te feront deſcendre ſi-bas que je ne t'y aille chercher.... (*Il ſe jette à côté de lui.*) (*a*) C'eſt ici qu'il faut nous offrir aux plus affreux coups du ſort; voilà l'Autel, voici les victimes; que nos gémiſſemens ſe répondent l'un à l'autre le long de cette effroyable voûte: que nos ſoupirs marquent nos momens; que nos larmes confondues nous communiquent réciproquement cette douleur profonde, qui ne ſe peut exprimer par des paroles!

BARNWELL.

Eh bien! j'y conſens; faiſons un échange de nos maux. Verſe ta douleur

(*a*) Je voudrois qu'on pût ſe repréſenter bien vivement l'état du Théatre dans ce moment-ci, cet affreux cachot, lugubrement éclairé par cette lampe ſépulcrale, ces pierres, ces chaînes; ces deux amis déſeſpérés qui ſe jettent par terre l'un après l'autre, qui s'embraſſent, qui ſe ſerrent, qui ſavourent leur douleur, qui s'abyment délicieuſement dans la plus profonde & la plus amére triſteſſe.

dans mon ſein, & reçois la mienne. (*Ils s'embraſſent.*) Ah! tu ne fais que me ſoulager. (*Ils ſe relevent.*) La paix & la conſolation ſont dans ces bras, la douleur ne peut m'approcher dans cet aſyle. C'eſt encore ici l'ouvrage du Ciel, il avoit commencé à m'annoncer mon pardon, il t'envoie pour me le confirmer. Oh! partage avec moi cette joie dont tu viens d'inonder mon cœur.

TRUMAN.

Oui, je la partage. Souveraine puiſſance, comment nous as-tu rendus capables de ſentir à la fois tant de peines & tant de plaiſirs? (*Le Concierge entre.*)

LE CONCIERGE, (*à Truman.*)

Monſieur,

TRUMAN.

Je vais. (*Le Concierge ſort.*)

BARNWELL.

Vas-tu me quitter? La mort nous eût bientôt ſéparés pour jamais.

TRUMAN.

O mon cher Barnwell! prépare ton cœur; il te reſte une rude épreuve à ſoutenir.

BARNWELL.

Que me reſte-il que de te voir..... &

de me séparer de toi? quelle plus rude épreuve!....

TRUMAN.

Je tremble de te le dire; mais il faut que tu le saches.... Marie....

BARNWELL.

L'aimable & vertueuse fille de notre maître?...

TRUMAN.

Elle-même.

BARNWELL.

Ciel! prens soin de ses jours. Quoi! lui seroit-il arrivé quelque malheur?

TRUMAN.

Ce sont tes malheurs qui l'accablent. Ami trop infortuné; tout ce que nous éprouvons de tourmens l'un & l'autre, & même davantage, s'il étoit possible, elle le souffre à cause de toi.

BARNWELL (*à part.*)

Il n'a jamais proféré un mensonge, & voudroit-il se jouer d'un ami mourant? O mort! c'est à ce coup que je sens toutes tes horreurs.

TRUMAN.

Tu peux te rappeller que depuis quelque temps, elle paroissoit triste & languissante; nous l'avons tous remarqué ſans en pénétrer la cauſe : mais la nouvelle de ta perte a fait éclater le feu qui la dévoroit ; ſes larmes, ſes cheveux arrachés, ſes mains levées au Ciel, les tranſports de ſa douleur, nous ont appris ſon infortune.

BARNWELL, (*à part.*)

Les peines que je ſouffre adouciront-elles les tiennes.... (*Il pleure.*) Trop aimable & trop malheureuſe fille !... (*à Truman.*) Que ne me laiſſois-tu mourir ſans me faire connoître ſes ſentimens ?

TRUMAN.

C'étoit une choſe impoſſible. Elle ne fait plus myſtere de la paſſion quelle a pour toi ; elle a réſolu de te voir avant que tu meures ; elle m'attend pour entrer. (*Il ſort.*)

BARNWELL, (*ſeul.*)

Arrêtez, vaines & cruelles penſées. Que me ſert d'imaginer ce que j'aurois pû être ?... Je ſuis à préſent... dans l'abyme que je me ſuis moi-même creuſé.

SCENE V.

BARNWELL, TRUMAN, MARIE.

TRUMAN, (*à Marie.*)

C'Eſt à regret que je vous conduis à ce ſpectacle d'horreurs. Vous voyez le ſiege de la miſere & du crime ; c'eſt ici que l'inéxorable Juſtice fait garder ſes victimes publiques. Voici la porte de la mort & de l'infamie.

MARIE.

Eh bien, c'eſt dans ce triſte lieu qu'il me convient d'apporter mon déſeſpoir, & de voir l'auteur de ma ruine. Il eſt ſans voix & ſans mouvement comme ſi ſon ame l'eût abandonné, & ne lui eût laiſſé qu'une image de lui-même ; mais cette image eſt ſi parfaite, ... que la mort même qui la couvre n'eſt pas capable de la deſigurer.

BARNWELL.

Je gémis, mais je ne murmure point. Juſte Ciel ! je ſuis à vous ; ordonnez de moi comme il vous plaira.

MARIE.

Pourquoi ces yeux baignés de larmes sont-ils fixés vers la terre? M'envieriez-vous la part que je prens à vos douleurs? Si le bonheur étoit en votre pouvoir, je vous en laisserois disposer à votre gré; mais je veux & je dois partager votre misere.

BARNWELL.

Oh! ne parlez point ainsi, mais fuyez, détestez-moi, abandonnez-moi à mon destin. Songez à ce que vous êtes, à votre fortune, à votre réputation. Ayez pitié de votre jeunesse, de votre beauté, de votre vertu, qui vous ont gagné tant de cœurs.

Rendez heureux celui qui est le plus digne de tant de charmes. Allez embellir la Cour & lui donner l'exemple qu'elle attend de votre mérite.... Je vais être pour vous.... comme si je n'avois jamais été.

MARIE.

Que je cesse d'être à mon tour, si je vous oublie! Tout me défend de vous oublier, la raison, mon choix, la vertu. C'est aux femmes telles que Milvoud, s'il en est encore, à vous abandonner dans vos malheurs après avoir souri à votre prospérité. Mais c'est à réparer ces malheurs, ou à les partager que la vertu met sa gloire.

TRUMAN.

Trop généreuse fille! Mais pensez-vous que cette sensibilité lui perce le cœur?

BARNWELL.

Si avant mon crime & ma honte, au comble de ma fortune & de mes espérances, j'avois osé porter mes vues jusques sur vous, ma témérité n'eût pas été pardonnable: & vous vous abaissez jusqu'à moi dans cet affreux moment!

MARIE.

Oui, je n'en rougis point. J'ose avouer une passion aussi parfaitement désintéressée. Je sais que votre sort est inévitable, & je vous aime sans espérance.

TRUMAN.

Venez vous détromper ici, vous que les crimes de Milvoud ont prévenus contre tout son sexe. L'espérance la plus éloignée d'attendrir un cœur aussi parfait, ajouteroit au bonheur du plus heureux des hommes & à l'orgueil du plus illustre. Mais ici tout est perdu, le trésor, celle qui le donne, & celui à qui elle veut en vain le donner.

MARIE.

(*a*) Oui, ma tendresse, mes soupirs, mes pleurs sont inutiles... peuvent-ils vous arracher à la mort qui vous environne ?.. Quelle mort ! O terrible idée ! Celle qui verroit expirer dans ses bras le premier & dernier objet de son amour, celui pour qui seul elle auroit voulu vivre, pour qui elle auroit voulu mourir ; cette femme infortunée ne le seroit point au prix de moi : je suis réduite à envier son sort ; son malheur feroit ma félicité.

TRUMAN.

Le temps & la réflexion adouciront vos peines.

MARIE.

Non jamais.... cette horrible catastrophe fait frémir la vertu même.... être la fable & le spectacle d'une foule

---

(*a*) Je n'ai pû me résoudre à laisser dans le texte cette réflexion de Barnwell : *C'est ainsi que les parfums de l'Orient, si estimés des vivans, sont inutilement prodigués aux morts.*

cruelle, dont les avides regards vous pourſuivent & vous dévorent.... Un eſprit armé de piété & de courage peut regarder la mort ſans pâlir.... Mais l'ignominie, la honte publique, la honte qui eſt la mort des ames.... mourir mille fois, & toujours ſurvivre à la mort même par une immortelle infamie.... Ce ſupplice eſt-il ſupportable? Pourrai-je le ſoutenir, moi qui le ſentirai ſe renouveller tous les jours de ma vie. (*a*)

TRUMAN.

La douleur a épuiſé ſes eſprits; elle ſe meurt.

BARNWELL.

Que le Ciel la conſole & ne permette pas que ſa mort mette le comble à mes crimes! (*une cloche ſonne.*) Voilà mon deſtin qui m'appelle.

(*a*) En bonne Police dramatique, Marie devroit ſe tuer ici; mais ſur le Théatre Anglois, ce n'eſt pas la peine de ſe tuer ſoi-même : ce ſeroit un Spectacle trop commun. Il faut quelque bon aſſaſſinat à coups redoublés, quelque bon parricide avec tous ſes agrémens.

SCENE VI.

BARNWELL, TRUMAN, MARIE, LE CONCIERGE.

LE CONCIERGE (*à Barnwell.*)

ON vous attend. Milvoud eſt déjà avertie.

BARNWELL, (*au Concierge.*)

Dites que je ſuis prêt.... (*à Truman.*) ç'en eſt fait, mon ami, adieu. (*il l'embraſſe.*) Prends ſoin de ſes triſtes jours (*en montrant Marie.*) Adieu.... c'eſt aſſez.... Prie pour moi....(*il ſe tourne du côté de Marie.*) Souffrirez-vous que je vous embraſſe avant que de mourir? Cette derniere conſolation me feroit-elle permiſe? (*elle s'incline vers lui, il l'embraſſe.*) Détournez, détournez vos yeux de deſſus moi, levez-les vers ce Ciel qui connoît votre vertu, adreſſez-lui vos prieres pour la paix de mon ame qui va me quitter.... j'ai commencé de bonne heure, & je ſuis bientôt arrivé au comble du déſordre.... Avant que la nature eut achevé ſon ouvrage, avant qu'elle m'eût nommé homme; au moment où les autres ne ſont que d'entrer dans la carriere, je me vois au bout de la mienne. J'ai vêcu peu d'années; mais ſi je compte mes jours par les degrés de mes crimes, j'ai vêcu des ſiecles. C'eſt ainſi que la juſtice du Ciel fait périr un malheureux, pour ſauver tout un Peuple par cet exemple terrible. La Juſtice & la Bonté ſont la même vertu dans l'Être Suprême. Sa ſévérité pour moi eſt un acte de compaſſion pour le genre humain. Adieu. Si quelque jeune homme tel que toi, ou quelque généreuſe fille comme vous, daignent un jour donner des larmes au récit de mes malheurs en déteſtant mes crimes, puiſſent-ils n'éprouver jamais les horreurs de mes remords, & recueillir ainſi le fruit de leurs larmes & de mon ſupplice! (*a*)

(*a*) C'eſt ici que la Piece doit finir, & qu'il faut ceſſer de lire, à moins qu'on n'aime à voir la Potence, le Bourreau, &c.

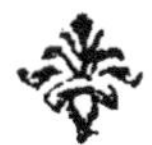

SCENE VII.

La Scene représente le lieu de l'exécution. On voit la Potence au fond du Théatre.

BLONT, LUCIE,
Un amas de peuple.

LUCIE.

O Dieu ! Quelle foule !

BLONT.

Que la mort est terrible dans cet appareil !

LUCIE.

Ciel ! ne les abandonnez pas ; ils n'ont d'espérance qu'en votre secours.

UN OFFICIER DE JUSTICE,
derriere le Théatre.

Faites place, faites place aux Prisonniers.

LUCIE.

Les voici. Regarde. Comme Barnwell paroît humble & consterné ! Mais vois-tu Milvoud, son air égaré & furieux,

SCENE VIII.

Les Acteurs de la Scene précédente.

BARNWELL, MILVOUD,

Des Officiers de Justice. L'exécuteur.

BARNWELL.

VOilà, Milvoud, voilà le terme de notre voyage. La mort, ce court & sombre passage, est tout l'espace qui nous sépare du séjour du bonheur éternel, ou de celui de l'éternelle misere.

MILVOUD.

Est-ce donc là que vont aboutir toutes mes espérances? La jeunesse, la beauté, la prudence même! Ciel! C'étoit donc pour me perdre que tu m'avois fais tous ces présens. Oui, pour me perdre. Que te reste-t-il maintenant? As-tu quelque tourmens plus affreux que l'infamie, le désespoir & la mort, mais une mort qui fait la joie publique? As-tu quelque fléau de réserve, quelque supplice dont tu n'aies point encore fait l'essai, ou qui ne puisse être conçu que par les Démons qui l'éprouvent. Si tu en as de tels, voilà ma tête ; lance tous tes traits, épuiſe tout ton pouvoir contre moi, j'oſe te défier.

BARNWELL.

Ah ! Milvoud ! eſt-ce ainſi que vous vous précipitez dans l'éternel abyme ? Ah ! fléchiſſez ces genoux, laiſſez amollir ce cœur, humiliez-vous pour implorer la miſéricorde divine. Qui ſait ſi dans ces derniers momens le Ciel ne daignera point vous accorder cette grace que vous avez ſi long-temps mépriſée ?

MILVOUD.

Que parles-tu de grace & de miſéricorde ? Il n'y a point de grace pour une malheureuſe comme moi ; je n'en eſpere point, je ne ſais ſi j'en deſire. Je ne puis ni me repentir, ni demander de pardon.

BARNWELL.

Ceſſez d'oppoſer un vain orgueil aux bontés de celui qui peut vous rendre éternellement miſérable. Concevez-vous bien ce que c'eſt que d'être éternellement miſérable ?

MILVOUD.

Oui, je le conçois, je le ſens. Je ſens un déluge de maux qui viennent fondre ſur mon ame. Les chaînes, les ténebres, les roues, les monſtres dévorans, les torrens de ſouffre & de feu ne ſont rien en comparaiſon de ce que j'éprouve.

BARNWELL.

Ah! n'ajoutez pas à vos crimes celui de tous qui eſt le plus outrageant pour le Ciel, (le déſeſpoir.)

MILVOUD.

Ah! c'eſt la ſeule choſe qui me reſte.

BARNWELL.

Ne prononcez point ce blaſphême. Autant le Ciel eſt au-deſſus de la Terre, autant la céleſte bonté eſt-elle au-deſſus de notre conception. Qui pourroit donner des bornes à une miſéricorde infinie?

MILVOUD.

Va, elle peut être infinie, mais elle eſt libre. Je ſuis deſtinée de tout temps à des peines éternelles, comme toi à d'éternelles délices.

BARNWELL.

Ciel! Que votre pitié s'étende juſqu'à elle. Ouvrez toutes les ſources de votre miſéricorde, qu'elles ſe répandent ſur ſon ame, en chaſſent les craintes, en guériſſent les bleſſures !

MILVOUD.

Non, tes prieres ſe perdent dans les airs, ou, ſi elles produiſent quelque effet, il ne retombe que ſur toi.

BARNWELL.

Ecoutez-moi, Milvoud ?

MILVOUD.

Laiſſe-moi ; je ne veux point t'entendre. Je te dis que je ſuis dévouée par le Ciel à donner un exemple terrible du pouvoir de ſa colere. (*Barnwell prie.*) Si tu veux prier, prie pour toi-même, & non pour moi. Comme il ſemble que ſon ame monte au Ciel avec ſes paroles! Il eſt de fer pour moi ce Ciel.... impénétrable à mes prieres...... Si j'avois la volonté de prier.... Je ne puis ſupporter cette vûe.... Le plus cruel des tourmens ſans doute eſt de voir jouir les autres d'un bonheur qui nous eſt interdit pour jamais.

UN OFFICIER DE JUSTICE.

Le terme eſt expiré !

MILVOUD.

Où vais-je ? Dans quel abyme d'horreurs vais-je tomber? Je ne voudrois ni vivre..... ni mourir..... Si je pouvois cesser d'être!..... Ou n'avoir jamais été.

BARNWELL.

Puisqu'il n'est point ici de repos, ni de consolation pour elle, puisse-t-elle en trouver où elle en attend le moins, & ne connoître d'autre enfer que celui qu'elle s'est fait dans ce monde ... Et vous, apprenez par notre exemple à fuir les approches du vice; mais s'il a surpris votre foiblesse, si vous avez succombé à la force de la tentation, pleurez votre chûte, & relevez-vous par la pénitence. Il n'y a que l'impénitent qui meure malheureux. L'homme péche, & le Ciel pardonne.

SCENE DERNIERE.

Les Acteurs de la Scene précédente.

TRUMAN.

LUCIE.

O Spectacle qui me perce le cœur! O malheureuse, malheureuse Milvoud!

TRUMAN.

Hé bien! comment étoit-elle disposée ?

BLONT.

Ah! comment vous le dire ?

LUCIE.

Comment vous exprimer ses tourmens, son désespoir, l'horreur qui l'accompagne à la mort. Elle déteste la vie, elle frémit de mourir. O Dieu!

TRUMAN.

Puisse-t-elle se tromper dans ses craintes! Puisse-t-elle devenir un monument de la miséricorde du Ciel, comme elle en est un maintenant de sa justice!

LUCIE.

O douleur que je ne puis supporter! déchire-toi mon cœur.

TRUMAN.

Hélas! C'est en vain que vous montrez un cœur sensible & généreux en pleurant les malheurs d'autrui, si vous n'en tirez des instructions, pour vous garantir de ceux qui vous menacent.

FIN.

www.ingramcontent.com/pod-product-compliance
Ingram Content Group UK Ltd.
Pitfield, Milton Keynes, MK11 3LW, UK
UKHW022113260726
13993UKWH00001B/498

9 782329 489179